Sally Regan

VAMPIRES !
le guide

Nathan

Édition
Jenny Finch, Jessamy Wood
Linda Esposito, Andrew Macintyre
et Laura Buller

Direction artistique
Stefan Podhorodecki, Keith Davis
Johnny Pau, Diane Thistlethwaite,
Yumiko Tahata

Couverture
Yumiko Tahata

Maquette
Sophia M Tampakopoulos Turner

Avec les conseils du Pr Glennis Byron

Première publication en 2009 par Dorling Kindersley Ltd.
sous le titre *The Vampire Book*
© 2009 Dorling Kindersley Ltd., Londres

Édition française :
© 2009 NATHAN pour la présente édition
Traduction-adaptation Gilles Mourier
Édition Véronique Herbold
avec la collaboration de Nellie Chappé
Réalisation Atelier Martine Fichter

N° d'éditeur : 10161829
ISBN : 978-2-09-252602-6
Dépôt légal : octobre 2009

Imprimé en Slovaquie

www.nathan.fr

Sommaire

Qu'est-ce qu'un Vampire ?

Vampire… un mot qui suscite peur et fascination. Il désigne une créature, un mort qui quitte sa tombe à la nuit pour boire le sang des vivants et qui revêt bien des formes au fil des siècles. Selon la tradition, certains traits le caractérisent toujours : sa soif de sang, ses forces et ses pouvoirs surnaturels. Des dangers toutefois le guettent et plusieurs signes trahissent sa nature.

Vampires pour l'éternité ! **Morts-vivants**, ils errent secrètement sur terre, en quête du sang qui nourrira leur existence surnaturelle. Leur origine se perd dans la nuit des temps. Les **mythes et légendes** les plus anciens parlent en chuchotant de leurs diverses apparences. L'Antiquité craint déjà ces démons buveurs de sang qui sèment la détresse et la mort. Très souvent, la sorcellerie et la **magie noire** semblent leurs alliées. Les chroniqueurs du Moyen Âge décrivent des revenants : **cadavres** sortis des tombes pour boire du sang et terroriser. L'Europe centrale les appelle **striges** et en a si peur que la panique saisit la communauté qui croit en compter un dans ses rangs. Les écrivains du 19e siècle, ayant eu vent du mythe, se l'approprient et en font le **vampire** des temps modernes. L'ancien monstre sans volonté devient le cruel aristocrate charismatique de la littérature **gothique**.

Vam

Étranger, énigmatique, doté de pouvoirs surhumains et de **crocs** aiguisés, il devient au cinéma, avec ses cheveux plaqués et son ample cape, l'incarnation favorite du mal. Il évolue encore de nos jours. Le vampire d'aujourd'hui, aux facultés extraordinaires et à la **beauté** éthérée, s'humanise davantage. Résistant à son inextinguible soif de **sang humain**, il rejoint la société des mortels. Pourtant, par ses multiples talents, sa personnalité **tourmentée** et impénétrable, il exerce un attrait irrésistible sur ceux qui ont deviné son secret. Si la légende autour des vampires remonte à l'apparition de la **peur** elle-même, les vampires continuent de nous fasciner et de nous inquiéter.

Voici leur histoire…

Origines

– UN VAMPIRE EST NÉ –

On devient vampire de trois façons :
la naissance, la mort et la morsure. Dans
les légendes, la mise au monde, mais aussi
la vie qu'on a menée, comme la
mort et l'inhumation, dictent
si l'individu va connaître
le repos éternel ou l'éternelle
errance. De nos jours,
il suffit d'être mordu.

LE BAISER FATAL

La création moderne du vampire repose
sur l'acte qui le définit par excellence : la
morsure d'une victime pour s'en nourrir.
Aspirant son sang, il la rend semblable
à lui. Il choisit d'habitude un endroit du
corps où affleure une artère – souvent le
cou ou le poignet, bien que des légendes
mentionnent le thorax et le haut du cœur.
Portant deux fines perforations pour seules
preuves de sa visite, ses proies ressentent
bientôt les signes précurseurs de leur destin :
leur haleine devient forte, leur peau se décolore.
Elles reculent tout à coup devant les objets
religieux, s'agitent à la nuit tombée, dépérissent
rapidement puis meurent enfin pour ressusciter
en vampires. Dans d'autres mythes, cette morsure
n'entraîne que leur propre mort, à moins
qu'ils n'aient bu à leur tour le sang de celui
qui les a mordus.

UN DÉCÈS PAS COMME LES AUTRES

Le suicide entraîne de même la damnation: la plupart des religions y voient un péché impardonnable. Meurtriers, voleurs et criminels sont également exposés au danger de la résurrection en vampire. La façon dont on inhume un corps est aussi une affaire périlleuse dans de nombreuses cultures: trop rapide, ou dépourvu des rituels appropriés, l'enterrement aura des conséquences néfastes. Ceux que l'on ensevelit visage vers le ciel ou bien à une trop faible profondeur risquent de revenir en vampires.

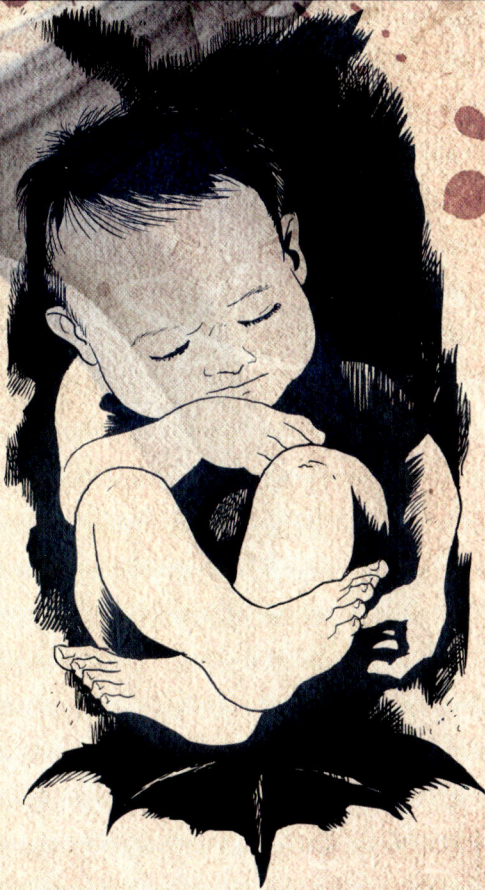

DAMNÉS DE NAISSANCE

Le bébé est exposé à de nombreux dangers, selon la légende de divers pays, même dans le ventre de sa mère. Le voici qui devient vampire si sa mère a vu un chat noir, consommé trop de sel ou croisé le regard d'une sorcière. Autres causes d'inquiétude: si le bébé est l'enfant illégitime d'un enfant illégitime, le septième fils d'un septième fils, s'il est né avec des dents, très chevelu ou coiffé (une membrane recouvrant son crâne), il a alors de grandes chances de connaître un destin de vampire après sa mort. On doit également s'alarmer s'il a été conçu ou s'il a été mis au monde certains jours saints.

Apparences

– DE LA GOULE GLUANTE À LA BLÊME BEAUTÉ –

Les vampires du folklore – cadavres boueux et décomposés – étaient laids à faire peur. L'imagination des romanciers et des cinéastes les idéalise : ils s'humanisent peu à peu, jusqu'à revêtir au 20e siècle des traits d'une grande beauté, surnaturelle et fatale.

AVANT...

Dans les légendes d'Europe centrale où le vampire moderne trouve son origine, les buveurs de sang, ni morts ni vivants, sont décrits comme de petits êtres corpulents et suants, aux oreilles pointues, aux dents de rat et à l'haleine fétide. Leur corps en décomposition est couvert de guenilles maculées par la boue du tombeau et du sang goutte de leurs babines. Rappelant les zombies des films d'horreur, ces créatures perdent toutes leurs qualités humaines en revenant d'entre les morts.

APRÈS...

Les romanciers du 19e siècle décrassent le vampire. Avec sa chevelure flottante, ses hautes pommettes, ses longs ongles noirs et ses crocs éclatants, le voici gentilhomme à la peau de marbre et aux yeux hantés par la faim. S'il inspire toujours la terreur par son sourire démoniaque et ses regards de braise, ses manières dérivent désormais de celles de l'aristocratie humaine et il appâte ses victimes en les charmant.

VAMPIRES
DE CINÉMA

Dans son smoking et sa longue cape noire déployée comme des ailes de chauve-souris, le vampire du 20e siècle est un habitué des films d'horreur. Aristocrate glacial au lourd accent étranger, il arbore des canines plus effilées, tandis que ses yeux vitreux virent à l'écarlate sous l'effet de la colère. Ce type de vampire, dont l'apparence semble aujourd'hui surannée, a su enjôler en masse le public de son époque : son charisme lui a valu les faveurs des femmes.

AUJOURD'HUI

Des années-lumière séparent le vampire actuel de la goule grossière de l'ancien temps. Dissimulant ses pouvoirs surnaturels pour s'intégrer sans heurt à la société humaine, il nous ressemble en tous points – à ceci près qu'il n'a aucun défaut. Rares sont les signes qui trahissent sa vraie nature, mais ses yeux – dont la couleur change quand la soif du sang le tenaille – révèlent parfois l'angoisse qui l'étreint. Il doit lutter sans cesse pour assumer une existence bénite et maudite à la fois.

Soif DE SANG

Les vampires sont des buveurs de sang et leur existence dépend entièrement de l'épanchement de leur soif. S'ils viennent à en manquer, ils périssent. Cet irrépressible et terrifiant besoin les caractérise tous.

LA VIE EN ROUGE

Depuis l'Antiquité, le sang symbolise l'essence de la vie. Les princes d'Égypte en prenaient des bains pour raviver leurs facultés intellectuelles. Les Romains, eux, buvaient celui des gladiateurs, croyant ainsi capter la puissance des combattants. Les Aztèques d'Amérique centrale honoraient le dieu Soleil par des offrandes sanglantes. L'idée même du sang comme support de la vie a naturellement conduit à croire que certains esprits – les morts-vivants – en avaient également besoin et se le procuraient dans les corps des vivants.

QUI A BU, BOIRA !

Le désir insatiable de sang qu'éprouve le vampire s'appelle «la soif». Il doit le boire frais pour préserver son existence surnaturelle. Sans lui, il vieillit, s'affaiblit et perd ses pouvoirs. S'il en est trop longtemps privé, il végète dans une sorte de «mort vivante»: il est conscient, mais trop faible pour agir. On décrit souvent ce besoin comme une dépendance: impossible de résister au besoin physique qu'inspirent ce liquide rouge, au goût métallique et salé, et le sentiment de force qu'il procure.

UN COUP DE SANG

Historiquement, les vampires sont associés aux massacres. Leur besoin de sang explique aux yeux des premiers peuples pourquoi le bétail périt et tant de gens meurent en cas d'épidémie. Pour absorber le sang de sa victime, le vampire pratique une incision avec ses crocs tranchants comme un rasoir sur une zone du corps où affleure un vaisseau. Après s'être nourri, il retrouve sa force, voire rajeunit. S'il sait se modérer, il se nourrira plusieurs fois d'une même victime, avant que celle-ci finisse par mourir.

MAÎTRISE DE SOI

Le sang des rats, des animaux familiers, du bétail ou d'autres animaux suffit certes à maintenir le vampire en vie, mais ne satisfait pas son besoin le plus impérieux. De nos jours, certains vampires, doués de sens moral, désirent vivre en paix avec les hommes. En refusant de boire leur sang, en résistant à leur propre soif, ils s'opposent à leur nature profonde. Ces âmes tourmentées font le choix de se contenter de sang animal, même s'il n'offre qu'une pâle compensation à leur appétit fondamental.

IMMORTALITÉ

La plupart des vampires sont immortels:
ils ne vieillissent ni ne meurent, contrairement
aux humains. Ils résistent aussi aux armes
conventionnelles et aux maladies.

On peut, en de rares occasions, leur infliger
des blessures mais ils n'éprouvent
aucune douleur et guérissent vite.

MULTIPLICATION

Certains vampires se multiplient simplement
en se nourrissant: leur victime meurt
pour renaître en mort-vivant.
Si son créateur le souhaite,
le nouveau vampire sera son esclave,
incapable de se libérer
avant que son maître s'affaiblisse
ou meure.

FORCE

Le vampire est doué d'une force physique
surnaturelle. Sa puissance, que la fatigue ne
bride jamais, en fait un adversaire inégalable
au combat. Elle croît au fil du temps: avec l'âge,
les vampires gagnent en force.

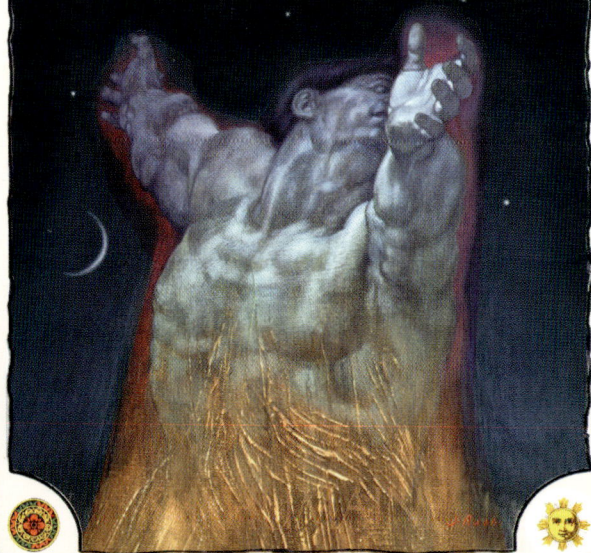

Pouvoirs
– LE DON DES TÉNÈBRES –

Condamnés à passer l'éternité à tuer
et boire du sang, les vampires sont en
contrepartie doués de pouvoirs impres-
sionnants. Appelé parfois le «don des
ténèbres», cet ensemble de facultés
extraordinaires est propre à chacun,
mais tous en reçoivent leur part.

Qu'il serait pratique de contrôler les éléments! Un vampire en fuite sait déclencher une tempête pour effacer ses traces. Il jette aussi des sorts, transmue le vil métal en or et change d'apparence.

MAGIE

SOUPLESSE ANIMALE

Le vampire se déplace avec une agilité et une grâce sans égales. Ses mouvements sont indétectables par l'œil humain. Il semble surgir de nulle part, défie la gravité en escaladant ou en descendant les murs les plus abrupts et effectue d'incroyables bonds à la verticale. Des vampires peuvent même voler.

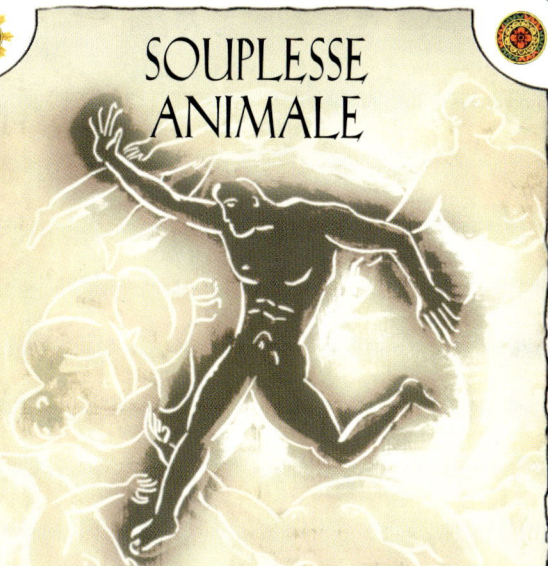

AUTORITÉ DE L'ESPRIT

Par leur puissance hypnotique, certains vampires contrôlent l'esprit des hommes et des animaux, pour les contraindre à accomplir leurs volontés. D'autres lisent les pensées ou utilisent à la télékinésie, déplaçant des objets grâce à leur seul esprit.

SENS DÉCUPLÉS

Les vampires ont une ouïe, un odorat et une vue sur-développés. Ils entendent aussi bien qu'un loup, même dans la plus bruyante des villes. Ils traquent leurs proies à l'odorat. Cette sensibilité leur rend détestables les odeurs prononcées. Ils voient dans le noir.

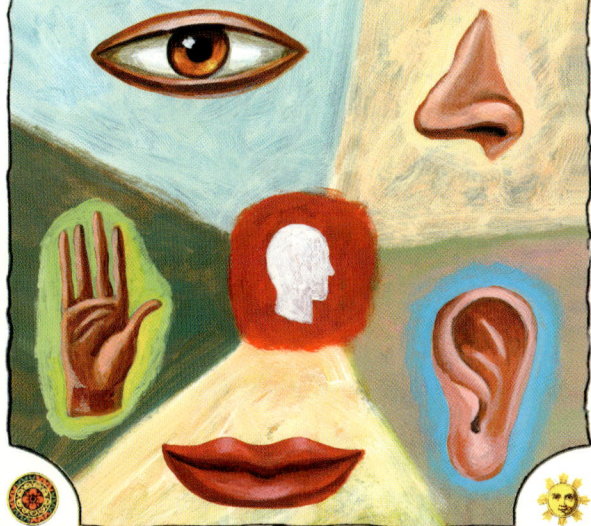

Métamorphoses

Métamorphoses

– LOUP, CHAUVE-SOURIS… –

De nombreux vampires jouissent du don surnaturel de se déplacer sans être détectés. Ils se métamorphosent : ils changent de forme physique lorsque leur apparence humaine les met en péril. Cette transformation peut toucher leur âge ou leur sexe, ou bien les changer entièrement : d'humains, ils se transforment en animaux.

Une chauve-souris fond des hauteurs. Un loup aux yeux menaçants se glisse dans l'ombre. Le vampire sait revêtir bien d'autres formes mais celles du loup et de la chauve-souris sont ses favorites.

Chauve-souris, il vole jusqu'au chevet de sa victime sans se faire remarquer. Comme les vampires, les chauves-souris ne sortent que la nuit. Pour nos ancêtres, leur vol lugubre rappelait sans doute les mythes vampiriques. Une croyance renforcée par la découverte, en Amérique du Sud, de la chauve-souris vampire qui se nourrit du sang de créatures vivantes avec ses canines effilées.

Sous l'aspect d'un loup, le vampire suscite davantage la peur chez ses victimes. Sa rapidité et son flair lui permettent de les pister sans effort. Prédateur aux mâchoires dangereuses, le loup est l'allié naturel du vampire. Dans un paysage urbain, celui-ci choisira la forme d'un chien, plus courante.

Les vampires savent encore se changer en souris, en rats ou toute espèce leur permettant d'échapper à la destruction. Certains croient même qu'une fois le vampire exterminé, il faut empêcher les insectes de s'en échapper, au risque de voir la créature infernale survivre. Méfiance! Un vampire est capable de se changer en brouillard ou en vapeur pour s'infiltrer par les serrures…

COMMENT
Vivent LES *Morts*

Le mode de vie du vampire a beaucoup évolué au fil des siècles. Il dispose aujourd'hui de multiples possibilités et n'est plus condamné à émerger la nuit venue de tombes délabrées pour terroriser bétail et villageois. Grâce à ses étonnants pouvoirs, il se mêle désormais aux hommes dont il apprécie même la compagnie. Certaines caractéristiques ne changeront cependant jamais.

SE NOURRIR DE SANG

Les vampires sont soumis à un régime très strict: il leur faut du sang frais. La majeure partie de leur existence est donc occupée à en trouver. On dit des vampires qu'ils doivent se nourrir une fois toutes les deux nuits. Les plus anciens, assez robustes pour retenir leur soif, résistent davantage sans nouvel apport. Ils s'exposent toutefois à un vieillissement et une fin rapides s'ils s'en abstiennent trop longtemps. Aucune autre nourriture ou boisson ne leur est nécessaire. Les saveurs de l'alimentation humaine sont, pour eux, dénuées d'intérêt.

VIVRE LA NUIT

Les vampires des légendes étaient des créatures de la nuit. Ils dormaient le jour, habituellement à l'abri d'une tombe ou d'un cercueil. Au crépuscule, ils s'éveillaient et se lançaient à la recherche de victimes. Le vampire moderne a plutôt tendance à mener une vie normale durant la journée, même si sa nature le conduit à préférer le couvert de la nuit.

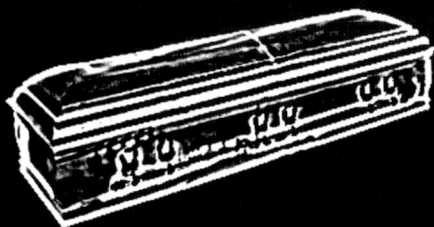

ERRER SEUL

La tradition veut que les vampires trouvent refuge dans des cryptes, des tombes, des tunnels, des catacombes et d'antiques châteaux. Ils ne pouvaient jadis reposer que dans leur terre natale. Il leur fallait donc en emporter avec eux s'ils désiraient voyager. Aujourd'hui, les vampires vont et viennent librement, et ceux qui vivent parmi les humains sont souvent obligés de se déplacer pour débusquer leurs proies ou pour protéger leur identité. Ce déracinement incessant, ainsi que le fait de survivre à tous les humains, les conduit à une existence solitaire et désolée.

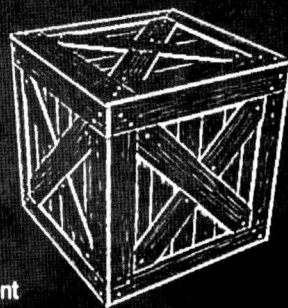

ÊTRE DOTÉ DE POUVOIRS

Toutefois, nombre de vampires modernes connaissent une existence assez satisfaisante, leurs pouvoirs extraordinaires compensant certains désavantages. Capables de prouesses physiques, ils défient la gravité pour mieux apprécier le monde selon des angles inédits. Certains jouissent de dons esthétiques: ils peignent, chantent et jouent de la musique en artistes accomplis (ils ont eu le temps de se former). Les préoccupations quotidiennes qui affligent l'humanité ordinaire ne leur importent pas. Leur existence ne connaît ni douleur ni maladie, ni crainte de la vieillesse ni peur de la mort.

Amulettes

– DÉLIVREZ-NOUS DU MAL! –

Les légendes font état de divers charmes et amulettes pour écarter la menace du vampire. On appelle amulettes les objets et les substances, l'ail par exemple, qui permettent de repousser le mal. Une autre stratégie, la dispersion de graines, les empêche efficacement de nuire en s'appuyant sur leur faiblesse.

FEU

Une flamme –torche flambant ou feu de camp crépitant– suffit parfois à éloigner le vampire. Dans plusieurs pays, le feu est un agent purificateur. Les vampires les moins robustes le détestent car il sert traditionnellement à les détruire.

BALLES D'ARGENT

L'argent, longtemps conçu comme moyen de protection contre les maléfices, est particulièrement redouté des vampires. Une balle de ce métal est en fait la seule capable de les tuer, si toutefois elle leur perce le cœur. Statues, poignards et glaives d'argent parviennent aussi à ralentir leurs attaques. On dit également que les objets en acier et en plomb les repoussent.

AIL

Ce bulbe odoriférant a la réputation de protéger des maladies: il a servi durant des siècles, et à travers le monde, à combattre les puissances des ténèbres. Suspendu aux fenêtres, en colliers au cou, l'ail diffuse une odeur pénétrante qui repousse le vampire.

RIZ ET GRAINES

Les vampires sont souvent obsédés par le calcul. Les grains de toutes espèces –riz, graines, sel et sable– leur font perdre la tête: ils se sentent obligés de compter ceux que l'on jette sur leur tombe ou sur leur chemin.

CLOCHES

Une cloche sonnant à toute volée fait décamper un vampire –son ouïe surdéveloppée ne supporte pas ce vacarme. Celles des églises, avec leur symbolisme religieux, sont particulièrement détestables pour lui.

CORDE À NŒUDS

Pour stopper net un vampire, il suffit de jeter sur sa route une corde à nœuds ou un filet emmêlé. L'effet est identique à celui des graines dispersées: il se doit de les débrouiller. Ainsi absorbé, il cesse sa traque et laisse sa victime s'enfuir.

MIROIR

On dit fréquemment des vampires que leur reflet n'apparaît pas dans les miroirs car ils sont dépourvus d'une âme éternelle. S'ils les évitent, c'est en fait qu'ils leur rappellent leur condition de morts-vivants.

EAU

On se sert traditionnellement d'eau bénite pour combattre les vampires: elle calcine leur chair. Elle n'a toutefois cet effet qu'entre les mains d'un véritable croyant. L'eau vive est également dangereuse pour le vampire; il ne peut passer outre et doit cesser sa poursuite.

AUBÉPINE

La cape ou le linceul du vampire se prend à ce buisson épineux, l'empêchant ainsi d'avancer. En Europe, aubépine et mûrier plantés autour de la maison ou d'une tombe les préserveront de tout action vampirique.

INVITATION

Dans de nombreuses légendes, le vampire ne peut pénétrer dans une maison sans y être invité. Attention, cependant: c'est un sournois! Il se déguisera pour tromper la vigilance et, une fois autorisé à entrer, ira et viendra à sa guise.

CROIX CHRÉTIENNE

Les vampires détestent les objets religieux, dont le plus efficace et le plus populaire reste la croix. Représentant la mort et la résurrection du Christ, elle est l'une des rares armes capable de lui infliger des souffrances en lui brûlant la peau.

LUMIÈRE DU JOUR

Le plus terrible danger pour un vampire est l'exposition directe à la lumière du jour, qui l'affaiblit, voire même le réduit en poussière. Cette sensibilité au soleil l'oblige à dormir durant le jour, ce qui le rend particulièrement vulnérable s'il est découvert dans sa tanière.

« Quiconque combat des monstres doit s'assurer qu'il ne devient pas lui-même un **monstre**, car, lorsque tu regardes au fond de l'abîme, l'abîme aussi regarde au fond de toi».

Par-delà le bien et le mal, Frédéric Nietzsche

COMMENT
Détruire
UN VAMPIRE

Au vu de leurs capacités surnaturelles, on pourrait croire les vampires indestructibles. S'il garde la tête froide, le chasseur bien équipé saura cependant mettre fin à tout jamais aux agissements du mort-vivant.

LE REPÉRER

Quoiqu'un vampire soit très difficile à repérer, des animaux offrent une aide précieuse dans cette tâche. En sa présence, les chiens tendent à aboyer et à montrer leurs crocs. Les légendes d'Europe centrale rapportent qu'un étalon blanc guidé à travers un cimetière hennira violemment en approchant d'une tombe de vampire. Une sépulture baignée d'une lueur bleue ou d'une flamme, une fosse à la terre fraîchement remuée: ces signes indiquent souvent la présence d'un occupant surnaturel.

LE CAPTURER

Les amulettes facilitent la prise du vampire. Une fois sa tanière détectée, on l'asperge d'eau bénite en récitant des prières. Le mort-vivant ne peut donc plus y trouver refuge. Contraint de s'exposer à la lumière du jour, il voit ses pouvoirs diminuer, puis il tombe en poussière. Attention! Les vampires ont parfois plus d'un repaire! Quand on en trouve un assoupi dans son cercueil ou dans sa tombe, on a toutes les chances de mettre fin à sa puissance malfaisante.

L'ÉLIMINER

La manière la plus commune de détruire un vampire: un pieu en plein cœur. Mieux vaut ne porter qu'un seul coup pour loger la pique de genièvre, de bouleau ou d'érable. Le monstre ne mourra pas d'un coup; il risque même d'arracher l'arme de son torse dans les soubresauts de l'agonie. Pour garantir le succès, on doit encore le décapiter, puis le réduire en cendre. Pour plus de sécurité, on brûlera tête et corps séparément, avant d'en disperser les cendres en divers lieux. On veillera particulièrement à ne pas s'exposer aux fumées durant l'opération, au risque sinon de se transformer en vampire.

Mythes et légendes

Le monde regorge d'histoires consacrées à l'errance des morts-vivants – ces âmes condamnées à sillonner la terre en quête de sang pour nourrir leur existence. La mort n'était pas toujours vue jadis comme le terme de la vie, plutôt comme le début d'une nouvelle existence. Cette croyance réconfortait les survivants, inquiets toutefois de ce que les défunts préparaient. Outre les cadavres réanimés, on rencontre bien des légendes de buveurs de sang. Des goules aux gnomes, des sorcières aux fées, ces créatures surnaturelles terrorisent les vivants, en les frappant d'épidémie et de mort.

Démons sanglants

DU MONDE ANTIQUE

La croyance en l'existence d'êtres assoiffés de sang remonte aux peuples vivant en Mésopotamie voici 5 000 ans. Les anciens Égyptiens, Grecs et Romains connaissent également des légendes de démons qui se nourrissent de la force vitale de l'homme.

LILITH

En Mésopotamie, Lilith est l'esprit ailé de la vengeance, le démon de la tempête qui apporte pestilence et désolation, et ôte la vie des hommes d'un baiser. La tradition des Hébreux se l'approprie ensuite, pour en faire la première femme d'Adam. Selon les légendes, elle refuse l'autorité de son époux et fuit le jardin d'Éden pour parcourir le monde en suçant le sang des nouveau-nés.

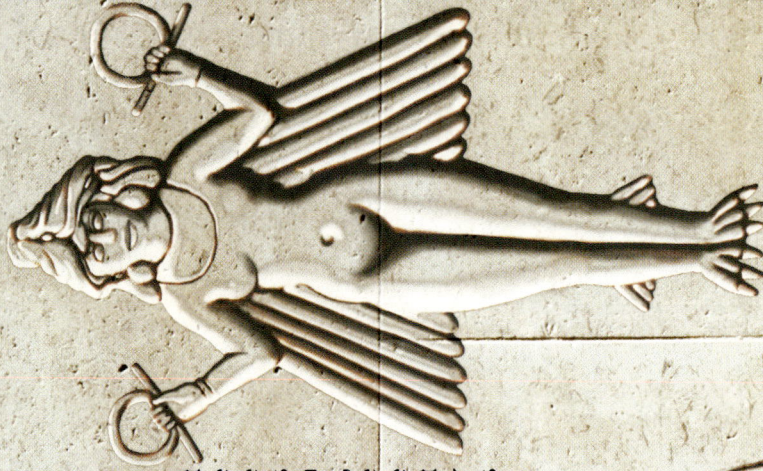

SEKHMET

Sekhmet, déesse de la guerre en Égypte ancienne, s'enivrant un jour de sang humain, entreprend alors de détruire l'humanité. Pour arrêter ce massacre, Ra, dieu du Soleil, lui donne à boire de la bière teintée qui la grise et l'apaise. On la représente sous les traits d'une femme à tête de lion.

EKKIMU

Environ 2 000 ans avant notre ère Ekkimu hante l'Assyrie, un état établi en Mésopotamie. Désignant un défunt incapable de trouver le repos, ce nom signifie « ce qui fut dérobé ». Il s'agit habituellement d'une personne morte sans soins ou sans funérailles rituels :

LAMIE

La lamie est un démon redouté de la Grèce et de la Rome antiques. Le chagrin de voir ses enfants tués par une rivale a changé cette princesse en monstre mi-femme, mi-serpent. Elle exerce sa revanche sanglante en dévorant les nourrissons et en absorbant le sang des hommes. Elle a la capacité d'ôter ses yeux de ses orbites, pour les reposer, avant de les y reloger.

STRIGE

Dans la Rome antique, la strige porte la tête d'une femme sur un corps d'oiseau. Elle erre dans les ténèbres en buvant le sang des dormeurs. On l'accuse de répandre des épidémies. Son nom vient du latin "strix", qui désigne la chouette effraie.

MORMO

Hécate, déesse grecque de la magie et des carrefours, est accompagnée de créatures des ténèbres appelées Mormolykai. Ces ombres s'attaquent aux individus jeunes ou fragiles. Elles tirent leur nom de Mormo, une femme qui, ayant perdu ses enfants, se venge sur ceux des autres.

Fées maléfiques

DU FOLKLORE CELTIQUE

Les Celtes regroupent un ensemble de peuples occupant l'Europe de l'âge de fer. Des échos de leur religion survivent dans les légendes d'Irlande, d'Écosse et du pays de Galles, où passent des créatures buveuses de sang issues du monde des fées. Associées à la sorcellerie et à la magie noire, elles sont étroitement liées aux forêts et aux montagnes où elles résident.

LA DAME VERTE

Mi-femme, mi-chèvre, la Glaistig ou dame verte de la mythologie écossaise cache, sous ses ondulants cheveux d'or et sa longue robe verte, des pattes de chèvre. Chez sa cousine des Highlands, la Baobhan Sith, le torse reste celui d'une femme, mais les jambes ont des sabots de biche. Comme la Banshee des mythes irlandais, elles sont censées annoncer la mort de personnages importants. Elles enlacent dans une danse fatale les victimes ensorcelées pour se nourrir de leur sang, usant de leurs ongles aiguisés plutôt que de leurs dents.

MORTELLEMENT BELLES

Les traditions celtes regorgent de buveuses de sang d'une grande beauté. La Leanan Sidhe et la Dearg-Due des mythes irlandais séduisent les hommes. Asservis, dépérissant tandis que les terribles fées se nourrissent de leur sang, ils sombrent souvent dans la folie avant une mort prématurée.

ROUGE-BONNET

Cet esprit malveillant hante les lieux où des actes violents ont été commis, particulièrement à la frontière qui sépare l'Écosse de l'Angleterre. Il colore son bonnet en rouge en le trempant, selon la légende, dans le sang des humains qu'il a tués à cet effet. Il reste imbattable à la course, mais fuit à la vue d'une croix.

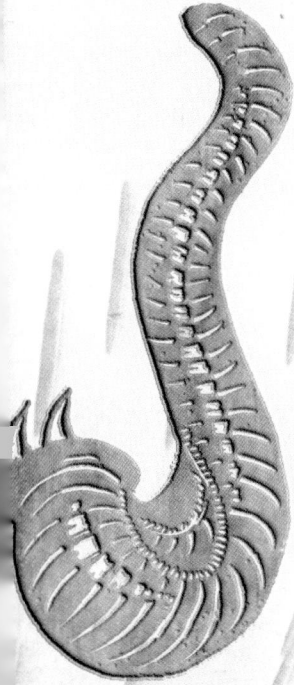

BURACH BHAOI

Burach Bhaoi ressemble à une sangsue. Il vit dans les cours d'eau des Highlands d'Écosse, où il s'accroche aux jambes des chevaux qui viennent à passer. Piégés, ceux-ci tombent à l'eau. Ils périssent noyés tandis que le démon se repaît de leur sang.

ROI SORCIER

La légende d'Abhartach remonte à l'Irlande du 5e siècle. Monarque tyrannique, et puissant sorcier nain, il est haï de ses sujets, qui engagent le chef de clan Cathain pour l'occire. Celui-ci ne tarde pas à s'acquitter de sa tâche. Abhartach reparaît pourtant, demandant un bol de sang de ses sujets pour soutenir son existence. Tué une nouvelle fois le jour suivant, il revient encore, exigeant sa bolée sanglante. Finalement, Cathain apprend d'un druide que le roi est un mort-vivant. À leur troisième rencontre, il abat Abhartach d'un glaive en bois d'if, avant de le ficher en terre la tête en bas et d'obturer sa fosse d'un énorme rocher. On n'a plus revu l'horrible roi depuis lors.

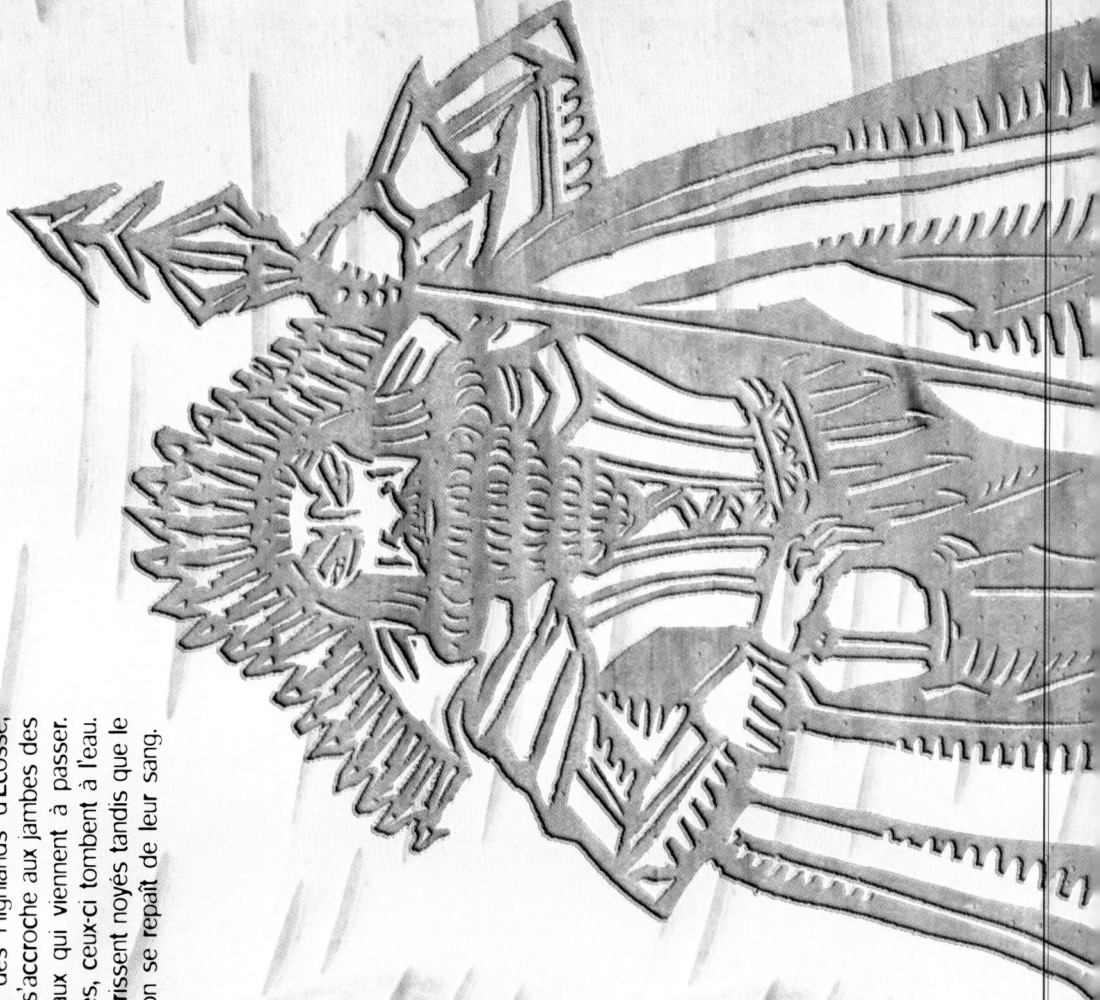

Terreurs

EN TERRE D'AFRIQUE

Le continent africain abrite des buveurs de sang et des dévoreurs de chair, aux aspects divers. La plupart ne sont pas des morts-vivants, mais des âmes damnées qui s'insinuent dans les communautés humaines sans se faire remarquer.

ADZE

Les Éwés du Ghana, croyaient que les sorciers établis chez eux étaient en fait les hôtes d'un vampire, l'Adze. Ressemblant à une luciole, cet esprit buvait essentiellement du lait de coco et de l'huile de palme, mais affectionnait particulièrement le sang des jeunes enfants. Capturé, il reprenait très vite forme humaine.

OBAYIFO

Sorte de sorcière, l'Obayifo vit en secret parmi les Ashanti du Ghana. Elle se transforme en sphère lumineuse aux heures noires, quand elle recherche le sang des enfants. On la dit également responsable des mauvaises récoltes. Elle ne pense qu'à se nourrir, et se délecte à épuiser la sève des fruits et des légumes.

ASANBOSAM

Créature supposée habiter au fond des forêts du Ghana. Elle a presque une apparence humaine, mais avec des ergots aux genoux et d'impressionnantes dents de fer. Suspendue aux branches, elle s'empare des passants —des chasseurs le plus souvent— pour leur sucer le sang. En d'autres lieux, elle attaque les villageois dans leur sommeil en les mordant au pouce.

IMPUNDULU

En Afrique du Sud, les peuples zoulous et xhosa croyaient en l'existence de l'impundulu, «oiseau-tonnerre». Ce gigantesque volatile noir et blanc déclenchait le tonnerre et la foudre de ses ailes et de ses serres. Il était habituellement au service d'une sorcière qui tirait parti de son insatiable soif de sang, pour éliminer ses ennemis.

ZOMBIES

Ces terribles créatures dotées d'une force incroyable écartèlent leurs victimes avant d'en déguster la chair. Elles appartiennent au vaudou, développé en Haïti à partir de religions d'Afrique occidentale. Selon ce culte, les zombies sont des cadavres ramenés à la vie par des prêtres. Ils sont réduits en esclavage, et restent condamnés à satisfaire éternellement les volontés de leurs maîtres.

MANGEUSES D'ÂMES

Les Housa d'Afrique occidentale, connaissent des sorcières appelées dévoreuses d'âmes qui se nourrissent des forces vitales de leurs victimes. Elles se métamorphosent en animaux étranges, et terrorisent ceux qu'elles rencontrent jusqu'à ce que leur âme, quittant leur corps sans vie, soit dévorée. Sans âme, les malheureux errent pour l'éternité.

Goules

DÉVOREUSES DE CHAIR

Du désert d'Arabie viennent les monstres appelés goules. Ces esprits diaboliques sont animés d'un insatiable appétit de sang et de chair. Nocturnes, doués de pouvoirs régénérateurs qui les rendent difficiles à tuer, ils partagent de nombreux traits avec les vampires. On devient goule après sa mort, si l'on a mené une vie consacrée au mal.

DÉMONS DU DÉSERT

On dit de la goule qu'elle est la progéniture d'Iblis, l'équivalent musulman de Satan: son nom signifie démon en arabe. Dans les légendes de la péninsule arabique, elle est aussi bien une bête sans cervelle qu'une créature semblable à l'homme, menant le jour une vie apparemment normale avant de se mettre en chasse la nuit. Les goules sont capables de se métamorphoser, principalement en charognards, tels la hyène. Robustes et rapides, elles ne ressentent aucune douleur, ne vieillissent pas et n'ont pas besoin d'air pour respirer. Seul un violent coup à la tête peut les tuer.

GARE AUX GOULES!

Les voyageurs qui entendent traverser l'immense étendue du désert doivent se méfier des goules. Ces esprits diaboliques jaillissent de nulle part pour s'emparer de l'esprit de leurs victimes. Isolant les hommes les plus fatigués, les goules les massacrent de leurs crocs et de leurs griffes. Objets de toutes les craintes, elles sont souvent associées à la diffusion des épidémies: on dit même que leur simple contact peut se révéler mortel.

REPAS MORBIDES

Les légendes rapportent que les goules résident sous terre, dans des grottes ou des fossés. Elles préfèrent la chair fraîche, surtout celle des petits enfants, mais se rassemblent en cas de disette dans les cimetières pour y dévorer des cadavres.

Kali

– DÉESSE HINDOUE DE LA DESTRUCTION –

La déesse hindoue Kali, divinité de la destruction et de la pestilence, est célèbre pour sa soif de sang. Elle inspire la terreur, tout en étant honorée comme incarnation du temps et du changement. Le panthéon de la mythologie hindoue compte quantité de buveurs de sang.

DESTRUCTRICE AVANT TOUT

Souvent décrite comme une femme dotée de quatre bras, de crocs et d'une longue langue, Kali terrifie. Elle tient un sabre dans une main, dans une autre la tête décapitée d'un géant. Son cou s'orne d'un collier de crânes. On la représente souvent debout sur Shiva, son divin compagnon. Elle a un jour combattu, dit la légende, le démon Raklavija, duquel chaque goutte de sang tombée sur le champ de bataille donnait aussitôt naissance à un nouveau démon, tant que la plaine en a été couverte de milliers. Pour le défaire, Kali a bu le sang jaillissant de son adversaire avant de dévorer les démons. Enivrée par le succès, elle s'est alors mise à détruire tout ce qui l'entourait. Shiva s'est jeté sous ses pieds pour arrêter le carnage.

DU MYTHE À LA RELIGION

Kali n'est que l'un des nombreux buveurs de sang de la mythologie indienne, nés des croyances magiques et des superstitions de traditions antiques. L'hindouisme –originaire de la vallée de l'Indus (le Pakistan d'aujourd'hui)– s'est ensuite répandu en Inde vers l'an 1000 avant notre ère. Tolérant, il a incorporé ces vieilles croyances et leur a permis de se répandre. Des créatures comme Kali y ont été intégrées et sont devenues des dieux féroces. D'autres subsistent dans les contes folkloriques.

FAUNE DES CIMETIÈRES

Les goules dévoreuses de chair hantent les sépultures. Dans le culte hindou, les Vetalas (aussi appelés Baïtal) sont des esprits qui occupent le corps de défunts récents. La nuit venue, ils recherchent le sang des femmes endormies, ivres ou folles. Ils ressemblent eux-mêmes à de vieilles femmes à la peau décolorée et aux ongles empoisonnés. Les Bhutas sont des âmes en peine qui vivent aussi dans les cimetières. Esprits de défunts qui n'ont pas reçu les obsèques appropriées, ils se métamorphosent en chauve-souris et attaquent les vivants pour les contaminer. Les Rakshasas, esprits carnivores, apparaissent d'abord dans les Védas (textes religieux hindous). Ils ont divers aspects, le plus souvent celui d'êtres mi-humains mi-animaux, ruisselants de sang.

FEMMES TERRIFIANTES

Les âmes féminines désireuses de se venger après leur mort pullulent dans la mythologie hindoue. La Churel, par exemple, est ainsi une femme morte en couches durant la grande fête de Divali, qui revient boire le sang de ses parents. Son aspect, avec ses pieds pointant vers l'arrière et sa grosse langue noire et protubérante, saisit d'effroi. La Masani, autre femelle terrifiante, fréquente elle aussi les cimetières. Elle est noircie par les cendres du bûcher funéraire. Elle chasse la nuit, attaquant les passants. S'il existe bien des esprits démoniaques dans la mythologie hindoue, tous ne sont pas purement mauvais. Les Pisachas, par exemple, démons dévoreurs de cadavres, savent aussi guérir les malades.

EFFRAYANTES
Créatures
D'ASIE DU SUD-EST

En Asie du Sud-Est, on associe avant tout les buveurs de sang à la magie noire. De nombreuses légendes font état de sorcières assoiffées et d'esprits esclaves.

LA PENANGGALAN

La Penanggalan compte parmi les plus hideuses des créatures mythiques. Cette goule écœurante ressemble durant le jour à une belle jeune fille. La nuit venue, elle détache sa tête de son corps et vole dans les airs, lestée du paquet noueux de ses entrailles, à la recherche du sang de nouveau-nés. Peu avant l'aube, elle doit se servir d'une barrique de vinaigre afin de réduire ses intestins boursouflés à la taille de son enveloppe charnelle.

LE TOYOL

La plupart des vampires asiatiques se nourrissent de bébés! Mais le Toyol est lui-même un nourrisson surnaturel. Mis au monde par une sorcière, il ressemble à un lutin. Cet être vigoureux et malicieux vit dans un bocal durant le jour. La nuit, on lui offre du sang frais. En échange, il accomplit les souhaits de son maître, surtout le vol. S'il s'échappe, il ira sucer les orteils des dormeurs où il laissera de fines marques de morsure.

LA MANANANGGAL

Belle femme mûre aux larges ailes de chauve-souris, cette furie sépare son corps en deux parties. Si l'on découvre sa moitié inférieure tandis que l'autre chasse dans la nuit à la recherche de sang, on l'étouffe dans de l'ail ou du sel pour empêcher le monstre de se reformer. L'Awang, sa cousine des Philippines, est aussi une femme séduisante volant dans la nuit. De sa longue langue fourchue, elle transperce la peau des victimes endormies sous le toit où elle a atterri.

LA PONTIANAK

On la décrit comme une femme élancée et gracieuse aux longs cheveux noirs tombant aux chevilles. Ses victimes sont incapables de résister à sa beauté. Mais, sa chevelure masque un secret: un immense trou béant dans le dos. Elle se change en chouette la nuit venue et paralyse sa proie par des ululements, puis la dévore. Sensible au soleil, elle meurt si elle y est exposée longtemps. La Langsur, vampire apparenté, a aussi le dos troué. Toutes deux aiment le sang des nourrissons.

Jiangshi

– VAMPIRES CHINOIS –

Velues, dotées d'ergots tranchants comme des rasoirs et de dents en poignards, ces âmes perdues sont souvent appelées les vampires chinois. Répondant au nom de Jiangshi, ou «fantômes bondissants», ils attaquent la nuit, jaillissant de leur tombe pour sucer la force vitale de leurs victimes.

DEUX ÂMES

Selon les Chinois, tout individu a deux âmes : la supérieure, ou hun et l'inférieure ou p'o. Après la mort, le hun s'élève pour rejoindre le monde des esprits. Si une personne a mené une mauvaise vie, son p'o reste prisonnier du corps sur terre pour se réincarner en Jiangshi. Menteurs, tricheurs et suicidés subissent souvent ce sort. Ce qui se passe après la mort joue aussi un rôle. Un individu sans reproche qui n'a pas reçu de funérailles convenables court le risque de devenir Jiangshi. Un animal sautant par-dessus le cadavre peut également condamner l'infortuné à rejoindre la troupe des morts-vivants. On doit se montrer d'une minutie toute particulière dans la préparation des obsèques, sous peine de souiller l'esprit du défunt. Il est même dangereux de se pencher sur la dépouille.

FANTÔME BONDISSANT

L'appellation de "fantôme bondissant" vient de la coutume chinoise d'enterrer les morts dans des vêtements spéciaux leur liant les jambes. L'âme revenue d'entre les morts dans son habit funéraire est donc obligée de sautiller pour se déplacer. Selon une autre théorie, les morts étaient souvent ramenés de la ville où ils avaient vécu et travaillé jusqu'à leur lieu de naissance. Ces corps, debout sur des civières de bambou soumises aux chaos du chemin, donnaient alors l'impression de bondir.

AFFREUSEMENT FÉROCE

Le Jiangshi peut être presque humain ou, avec une longue langue noire et des yeux pendant des orbites, franchement abominable. On le dit aveugle, couvert d'une toison verte ou blanche, et malodorant. Ses sourcils incroyablement longs lui permettent d'attraper ses victimes au lasso, avant de les écarteler et de les dévorer.

POUR VAINCRE UN VAMPIRE

Le Jiangshi figure dans de nombreux contes et légendes. Le plus souvent, des voyageurs le dérangent inopinément dans sa tanière et connaissent un horrible destin. Il est toutefois possible de l'éloigner. Les grands bruits, comme le tonnerre, parviennent à le tuer. La paille et le sang de poulet le repoussent, tandis que l'ail brûle sa peau et que des tas de riz gluant le piègent. Il aime compter : les haricots rouges font donc dévier son attention. Selon plusieurs légendes, un être mythique eut raison de lui : Zhong Kui. Ayant été évincé par tricherie de la première place aux examens d'état, Zhong Kui s'était alors suicidé devant le palais impérial. L'empereur lui rendit hommage avec des funérailles impériales. En remerciement, l'esprit de Zhong Kui promit de débarrasser le monde des fantômes et des démons avec son épée magique. Son impressionnante image figure fréquemment dans les habitations chinoises comme talisman bienveillant.

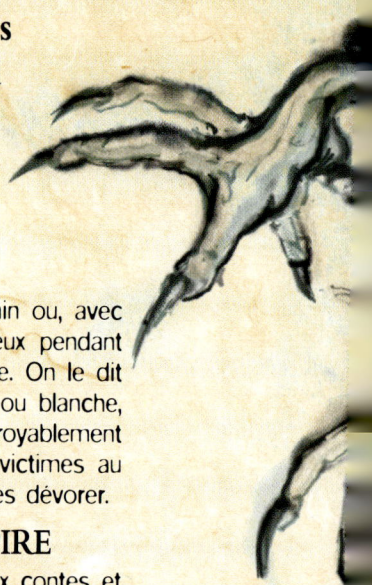

Feux volants

ET SPECTRES CRÉOLES

Les Antilles connaissent de nombreux mythes consacrés aux buveurs de sang, dont le plus commun est celui de la sorcière vampire. Elle passe ses jours sans se faire remarquer des hommes, mais se métamorphose la nuit venue pour répandre la terreur chez ses voisins.

OL'HIGUE

En Jamaïque, Ol'higue, ou «la vieille peau» ressemble à une frêle vieille femme durant la journée. La nuit venue, cette soi-disant vieille femme sans défense mue et se change en boule de feu volant en quête de sang humain, surtout de nouveau-nés. Elle reprend sa forme de vieille femme une fois sa proie repérée, mais c'est sans sa peau qu'elle suce le sang du nourrisson. Lorsqu'un villageois soupçonne une femme d'être une telle créature, les enfants lui crient «Ol'higue» et marquent sa porte à la craie. Il est possible de dresser un piège près du lit des victimes potentielles: un simple tas de grains de riz, et l'odeur de l'épice assa-fœtida. Envoûtée, la sorcière est contrainte d'en compter chaque grain. Que l'aube se lève avant qu'elle ait fini sa tâche et retrouvé sa peau et le village se jette sur elle pour la battre à mort.

PACTE AVEC LE DIABLE

Dans l'île de Grenade sévit une créature appelée Lagaroo ou Loogaroo. Alliée au diable, elle jouit de pouvoirs magiques, à condition de payer chaque nuit le Malin avec du sang. Ce dernier doit provenir d'autres humains car elle mourrait si elle donnait le sien. Le jour, elle ressemble à une aimable grand-mère, mais quitte sa peau à la tombée de la nuit, souvent sous un arbre du diable (une sorte de kapokier), avant de se transformer en boule de feu volante fendant l'obscurité. Une fois qu'elle a collecté suffisamment de sang, elle reprend forme humaine et réintègre sa peau. Elle meurt si on parvient à voler celle-ci sous l'arbre avant qu'elle ne la retrouve.

SOUCOUYANT

À Trinidad, la sorcière vampire a pour nom Soucouyant. Elle aussi perd sa peau la nuit, se changeant en boule de lumière vive à la recherche de victimes endormies. Deux petites morsures voisines sur votre peau trahissent sa visite nocturne. Pour qui connaît son identité, la solution est assez simple: une fois qu'elle a quitté sa demeure, on s'empare de sa peau pour la frotter de sel et de poivre. La douleur qu'elle ressent oblige la créature à cesser ses mauvaises actions. Sinon, il faut frapper le feu volant à l'aide de bâtons: au matin, la sorcière, contusionnée, ne pourra plus cacher sa véritable identité.

DIEUX ET
Monstres
D'AMÉRIQUE LATINE

Pour les anciens peuples d'Amérique latine, les buveurs de sang jouissaient d'immenses pouvoirs. Pour certains, ces étranges créatures étaient les survivants d'esprits hostiles à l'humanité. Il s'agissait pour d'autres de déités importantes, qu'il fallait craindre et révérer.

CIHUATETEO

Les Aztèques du Mexique croyaient en l'esprit vampire Cihuateteo. Cette femme morte en couches revenait d'entre les morts pour accabler les vivants, surtout les nourrissons. On lui offrait du sang dans l'espoir qu'elle épargne les enfants.

ASEMA

L'Asema du Suriname est une sorte de «vampire vivant», homme ou femme âgé, capable de muer pour se changer en boule de lumière dans la nuit. Dès qu'il découvre une victime endormie, il reprend forme humaine pour se nourrir de son sang.

LOBISHOMEN

Le minuscule Lobishomen du folklore brésilien ressemble à un singe chauve. Sorte de loup-garou buveur de sang, il est bossu, avec des lèvres exsangues, une peau jaunâtre et des dents noires. Ses pieds dotés de coussinets lui permettent d'approcher silencieusement les femmes qu'il veut attaquer.

PISHTACO

Originaire du Pérou, le Pishtaco se nourrit de sang après s'être repu de graisse. Cette créature opère la nuit et peut prendre la forme de la chauve-souris vampire.

JARACACA

Si le Jaracaca de la mythologie brésilienne boit du sang, il préfère le lait humain. Sous l'aspect d'un serpent, il se faufile dans la jungle dis-crètement, en quête de mères allaitantes. Il est extrêmement craint, car sa salive et son venin provoquent la folie.

CAMAZOTZ

Les Mayas d'Amérique centrale adoraient la divinité Camazotz. Dotée d'un corps d'homme sous une tête et des ailes de chauve-souris, elle présidait au cycle des moissons. Cette puissance malveillante était toujours en soif de sang et hantait les grottes.

«On a du mal à croire qu'un **phénomène** ayant exercé une telle **fascination** sur tant de nations anciennes et récentes dans

le **monde** entier,
à tous les moments de
l'histoire, ne repose pas
sur quelque **terrifiante**
vérité sous-jacente…

Le Vampire : ses parents et alliés, Montague Summers

Apothéose !

Le vampire qui nous est familier apparaît d'abord dans le folklore de l'Europe centrale. Des communautés villageoises isolées y rendaient les morts-vivants responsables des mauvaises récoltes et des maladies : on les imaginait sortant des tombes pour venir boire le sang des vivants. L'Occident eut bientôt vent de paysans hystériques exhumant des cadavres pour les transpercer de pieux ; des récits qui enflammèrent l'imaginaire de ses écrivains et de ses poètes. Dans les romans qu'il inspire au 19e siècle, le mythe de la goule esclave donne naissance à celui du comte cruel, monstre à visage humain, mais à l'âme toujours aussi ténébreuse.

Vade retro!

– DIABOLIQUES REVENANTS –

Dans l'Europe du Moyen Âge, on attribue fréquemment la mort et la maladie aux revenants, ces défunts échappés de leurs tombes. Le christianisme, gagnant en vigueur, impute au diable la présence de ces morts-vivants. En les incorporant à ses enseignements sur le péché et sur la vie éternelle, l'Église renforce ces croyances dans les âmes errantes; croyances qu'elle oriente pour faire triompher le bien sur le mal.

LES ŒUVRES DU MALIN

Souvent liées à la sorcellerie et à la magie noire, les croyances populaires en une vengeance exercée par les défunts, existaient déjà en Europe bien avant l'émergence du christianisme. Au Moyen Âge, de nombreux paysans y adhéraient encore. Pour mettre fin à ces survivances païennes, l'Église a alors cherché à les absorber en les décrivant comme des œuvres du Malin.

LA MORT PARTOUT

De nombreuses famines et épidémies ravagent l'Europe médiévale. La Peste noire y déferle en vagues, entre 1300 et 1700, anéantissant des communautés entières. Face à ces épisodes de morts massives, de récoltes dévastées, de bétail décimé, on en vient à suspecter les défunts récents. On attribue alors aux revenants la diffusion de la maladie et du malheur.

LE POUVOIR DE LA CROIX

L'Église estime détenir seule le pouvoir d'anéantir les revenants. Les ecclésiastiques se trouvent au premier rang du combat contre les suppôts du diable. Il suffit d'un crucifix, symbole de la foi et de la résurrection de Jésus-Christ, et d'eau bénite, consacrée par un prêtre, pour chasser les mauvais esprits.

RITES SANGLANTS

Le christianisme repose lui aussi sur des rites sanglants. Ainsi, les fidèles célèbrent l'eucharistie, ou communion, au cours de laquelle ils reçoivent le pain et le vin, symboles du corps et du sang du Christ. Ils commémorent ainsi la Cène en un rituel censé répandre la grâce divine sur les croyants.

GUILLAUME DE NEWBURGH

Plusieurs chroniqueurs chrétiens relatent des histoires de revenants. Guillaume de Newburgh, religieux anglais du 12e siècle, inclut dans sa chronique, *Histoire des affaires anglaises*, des récits d'individus revenus du pays des morts pour tourmenter leurs proches.

Vampires
D'EUROPE CENTRALE

Aux 16e et 17e siècles, les pays d'Europe centrale abondent
en histoires de revenants buveurs de sang. De ces cadavres
animés d'une existence surnaturelle dérivent les vampires.
Cette croyance a été si forte en Roumanie et en Slovaquie,
que l'on y a profané des tombes pour en transpercer les
cadavres de pieux et empêcher leur résurrection.

MORTS SANS PAIX

En Roumanie et en Slovaquie, les paysans croyaient fermement en l'existence de morts qui marchent. Que frappent la malchance, la maladie ou la disette, et l'on y voyait l'œuvre de défunts qui, incapables de rester en paix, se levaient pour semer le malheur. Appelés strigoi ou moroi, ils erraient dans la nuit en se nourrissant de sang. Ils étaient toutefois bien plus que des cadavres vagabonds, boursouflés et gonflés et aux yeux écarquillés. Leur retour d'entre les morts transformait ces humains en monstres repoussants. On déterrait le corps de ceux que l'on soupçonnait être des vampires: s'il était étrangement frais, si du sang en maculait les lèvres ou le nez, l'affaire était sûre. Les villageois terrifiés y enfonçaient un pieu, ou en arrachaient le cœur pour le brûler.

SAVOIR SE PRÉSERVER

En Roumanie, les parents d'un défunt de fraîche date portaient du vin et du pain sur sa tombe pour l'apaiser. En Slovaquie, on envoyait des femmes âgées au cimetière ficher cinq rameaux d'aubépine ou de vieux couteaux à l'emplacement de la poitrine et de chacun des membres du mort, pour clouer le vampire tenté de sortir de terre. On fermait aussi les paupières du cadavre avec des pièces de monnaie, on lui cousait la bouche ou on la bourrait d'ail. Si ces rites se révélaient inefficaces, on allait chercher le dhampir. Mi-vampire, mi-homme, cet être avait la faculté unique de vaincre les vampires. Pour y parvenir, il recourait au pieu, à la décapitation, à l'ail, à des symboles religieux et au feu.

VAMPIRE, POURQUOI?

Plusieurs théories expliquaient pourquoi l'on devenait vampire. En Roumanie, le septième fils, issu d'un septième fils était condamné à revenir sur terre en mort-vivant. Les bébés nés dentés ou coiffés (la tête couverte d'une membrane) encouraient le même sort. Les autres candidats potentiels se recrutaient chez les individus aux cheveux roux et aux yeux bleus, chez les criminels, les suicidés et tous ceux qui n'avaient pas reçu d'obsèques convenables.

VAMPIRIQUE
Hystérie
UNE MODE EN EUROPE

Le reste du monde n'a commencé à s'intéresser aux sinistres légendes d'Europe centrale qu'au moment où ces dernières ont fait l'objet d'enquêtes officielles, relatées dans les journaux. Ces récits macabres se sont répandus rapidement, et l'Europe entière s'est bientôt entichée des vampires.

PLACE AUX EXPERTS

En 1718, par le traité de Paix de Passarowitz signé entre les empires ottoman et autrichien, des parties de la Serbie et de la Valachie reviennent à la couronne des Habsbourg. D'étranges coutumes locales vont bientôt attirer l'attention des nouvelles forces d'occupation: des cadavres seraient déterrés pour être «tuer». Mentionnés à la fois dans des ouvrages et dans des journaux, ces surprenants agissements parviennent à la connaissance de l'Europe occidentale, qui entend pour la première fois parler de rituels pratiqués depuis des siècles.

PIERRE L'ÉTRANGLEUR

Le premier à figurer dans un rapport officiel s'appelle Pierre Plogojowitz, de Serbie. Après sa mort en 1725, neuf personnes affirment sur leur lit de mort que Pierre leur a rendu visite pendant leur sommeil et a tenté de les étrangler. Les autorités autrichiennes donnent les détails de son exhumation. Son corps n'est pas décomposé et il porte des traces de sang frais à la bouche –un signe évident de vampirisme. Le corps est rapidement transpercé et incinéré.

ARNOLD PAOLE

En 1727, Arnold Paole, de Belgrade en Serbie meurt après avoir avoué à sa fiancée qu'il avait rencontré un mort-vivant. Suite au décès de quatre voisins passant rapidement de vie à trépas, on en accuse Arnold. On exhume son corps et le perce d'un pieu. Le gouvernement autrichien dépêchent le major Johann Flückinger pour mener l'enquête. Il rédige un rapport sur ces incidents vampiriques, le fameux _Visum et Repertum_ (« Vu et reconnu »), qui pique la curiosité de toute l'Europe.

«VAMPIROMANIE»

Les cas de Plogojowitz et Paole font sensation. Des livres sont alors publiés, le plus célèbre est signé Dom Augustin Calmet, un moine français. Mais tous n'y prêtent pas foi: Voltaire, par exemple, couvre ces rapports de ridicule. La controverse prend fin lorsque l'impératrice Marie-Thérèse d'Autriche envoie son médecin personnel enquêter. Il conclut que les vampires n'existent pas. La souveraine promulgue alors des lois interdisant l'ouverture et la profanation des tombes. Le calme revient, mais la légende ne meurt pas.

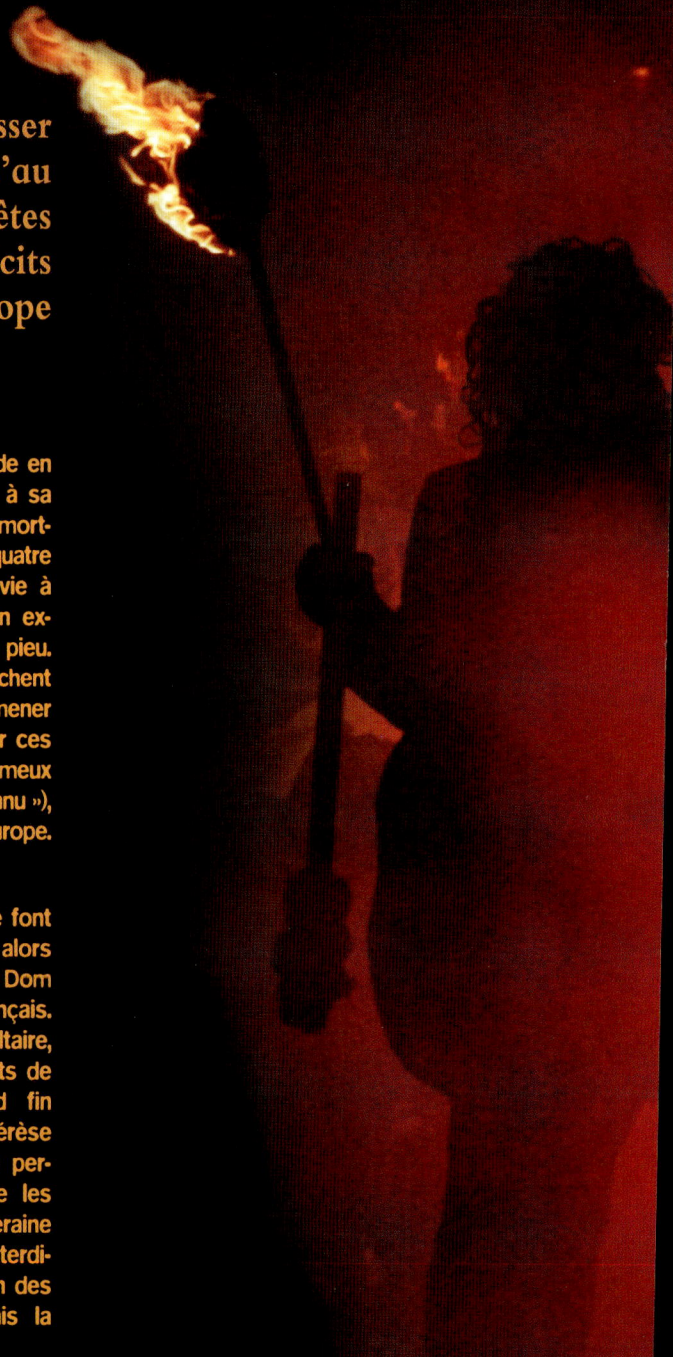

MERCY L.
daughter of
GEORGE T. & MARY E.
BROWN,
Died Jan. 17, 1892,
Aged 19 years.

L'Étrange cas de Mercy BROWN

LA VAMPIROMANIE FRAPPE LA NOUVELLE-ANGLETERRE.

Née en 1873 dans l'état de Rhode Island aux USA, Mercy Brown est la fille du fermier George T. Brown et de sa femme Mary. Avec sa famille qui compte son frère et ses quatre sœurs, elle vit aux abords de la petite ville d'Exeter. Sa mère décède des suites d'une maladie foudroyante, alors que Mercy n'a que 10 ans. Deux années plus tard, sa sœur aînée, Mary Olive, commence à se plaindre de rêves atroces et d'une sensation d'écrasement à la poitrine. Elle aussi périt bientôt.

Cinq ans plus tard, le frère de Mercy tombe malade. À son tour, il se plaint de suffocations nocturnes et sa peau perd ses couleurs. On l'éloigne un temps : il recouvre immédiatement la santé. De retour au foyer, il découvre sa famille une fois de plus en deuil : Mercy vient de mourir.

Enterrée dans le cimetière de Chestnut Hill, elle ne va cependant pas y trouver la paix. Les voisins commencent à murmurer : ils affirment sentir leurs forces décliner et rêver de Mercy. Edwin tombe à nouveau malade. Sa poitrine est oppressée et il crache du sang

Les anciennes légendes européennes rapportées aux États-Unis par les immigrants et transmises de génération en génération, parlent des morts en marche –ces âmes revenues sur terre tourmentent les membres survivants de la famille et s'en nourrissent, en les privant peu à peu de leurs forces vitales jusqu'à ce qu'ils s'étiolent et meurent. Dans cette même région de Nouvelle-Angleterre, on avait déjà imputé des cas semblables à une activité vampirique. Pour les villageois, aucun doute n'est possible : il faut donc exhumer Mercy.

RHODE ISLAND, MARS 1892

Avec réticence, George Brown accepte que l'on déterre les membres de sa famille, pour déterminer celui d'entre eux qui provoque ces calamités. Le 19 mars 1892, la foule s'assemble au cimetière pour assister à la cérémonie, conduite par un docteur local. De la mère de Mercy et de sa sœur ne restent que des os desséchés ; Mercy, morte deux mois plus tôt, présente une apparence de vie choquante. On lui ôte le cœur, que l'on trouve gorgé de sang.

Les voisins sont convaincus que Mercy était bien un vampire. On incinère son cœur sur un rocher tout proche, avant d'en dissoudre les cendres dans de l'eau que l'on donne à boire à Edwin. En vain : il meurt quelques jours plus tard, mais c'est le dernier décès à éveiller les soupçons. La malédiction est désormais levée.

Dernière minute !

Le *Journal de Providence*, gazette locale, publie un compte-rendu aux détails atroces du rassemblement près de la tombe de Mercy. L'histoire est reprise par toute la presse des États-Unis et, bien que de nombreux reporters se moquent de la crédulité des gens de Rhode Island, la couverture qu'ils donnent à l'anecdote la fait alors entrer dans le folklore. La légende perdure : la sépulture de Mercy attire toujours chasseurs de fantômes et amateurs de sensations.

Maladie mortelle

Une explication plus terre-à-terre des événements se fait jour dans les années qui suivent la mort de Mercy. Les décès dans la famille sont attribués à la tuberculose, maladie mortelle et très contagieuse. Qui en est atteint, crache du sang, a le souffle opprimé, perd ses couleurs, s'amaigrit et s'épuise comme s'il dépérissait. Mercy est en outre morte au cours d'un hiver de Nouvelle-Angleterre, quand on ne peut creuser de fosse dans la terre gelée. Son corps a donc été conservé dans une bâtisse près du cimetière (ci-dessus). Dans ces conditions glaciales, rien de surprenant à ce que son cadavre ait paru intact deux mois plus tard.

UN VAMPIRE, UN CONTE

JOHN POLIDORI
1819

LA FIANCÉE DES ÎLES

J. R. PLANCHÉ
1820

VARNEY LE VAMPIRE

OU LE FESTIN DE SANG

JAMES MALCOLM
RYMER
1840

CARMILLA

SHERIDAN LE FANU
1872

LA GENTE DAME DUCAYNE

M. E. BRADDON
1896

FRISSONS

Gothiques

EN LITTÉRATURE

Les fables de vampires d'Europe centrale du 18e siècle fascinent les esprits éclairés de Paris et Londres. Ce n'est cependant qu'au début du 19e siècle que les vampires font leur première apparition dans les romans. Fini les cadavres boursouflés, ils sont désormais nobles, pâles et romantiques.

PREMIER ROMAN DE «VAMPYRE»

Le premier roman de vampire est imaginé en 1816 en Suisse, au cours d'une séance d'écriture spirite entre l'écrivain Marie Shelley et le poëte romantique Lord Byron. Shelley rédige *Frankenstein*, destiné à devenir un classique de l'horreur; Byron entreprend l'histoire d'un aristocrate mort en Turquie après avoir promis de revenir de la tombe. Le médecin de Byron, le Dr John Polidori, achèvera son œuvre. Publié en 1819, *Le Vampyre* conte les exploits de Lord Ruthven, aristocrate assoiffé de sang, à la personnalité fascinante, rappelant celle de Byron.

AU THÉÂTRE

Le roman de Polidori est adapté au théâtre en 1820 par J. R. Planche, sous le nom *Le Vampire*, ou *La Fiancée des îles*. Le décor est planté en Écosse. Une trappe spécialement agencée, appelée de nos jours encore "trappe au vampire", permet au monstre de jaillir de sa tombe sur la scène, terrifiant un public peu coutumier de tels tours de passe-passe.

UN FEUILLETON

Un feuilleton de 868 pages aux couleurs criardes, en 220 chapitres, détaille les aventures de Sir Francis Varney. Dans chacune d'elles, il tente de séduire une innocente, avant que l'on découvre son état de vampire qui lui vaut d'être pourchassé. Varney finit par se suicider en se jetant dans un volcan. Premier vampire littéraire doté de crocs, il est également le premier à se métamorphoser en loup, à pratiquer l'hypnose et à bénéficier d'une force surhumaine, tout en étant presque indestructible.

FEMME FATALE

En 1872, l'écrivain irlandais Sheridan Le Fanu modifie la donne initiale, choisissant une femme pour personnage principal. Carmilla paraît jeune mais elle est en fait une aristocrate âgée de 200 ans. Elle se lie d'amitié avec une jeune fille, Laura, qui perd progressivement ses forces. Sa famille et ses amis finissent par comprendre de quoi il retourne et, après avoir repéré la tombe de Carmilla, lui tranchent la tête et lui enfoncent un pieu dans le cœur. Douée d'une force extraordinaire, Carmilla sait se métamorphoser, traquant sa proie sous l'aspect d'un chat noir. L'auteur, selon un procédé bientôt courant de la littérature vampirique, fait de son caractère principal un être aussi repoussant que désirable.

UNE DRÔLE DE LADY

La nouvelle de Mary Elizabeth Braddon, *La gente dame Ducayne*, publiée en 1896, projette le mythe dans la modernité. La jeune Bella, à la recherche d'un emploi mais sans qualification, est embauchée comme dame de compagnie par l'aimable Lady Ducayne. Celles qui l'ont précédée ont toutes mystérieusement dépéri avant de mourir, tandis que prospérait la vieille aristocrate. Lors d'un voyage en Italie, Bella, à son tour, commence à s'étioler. Heureusement pour elle, son ami Stafford comprend que Lady Ducayne lui soutire du sang pour se maintenir en vie, recourant pour ce faire à la récente méthode de la transfusion afin de rajeunir et de recouvrer sa beauté.

BRAM STOKER

ET LA PLUS MARQUANTE
HISTOIRE HORRIFIQUE JAMAIS ÉCRITE

Bram Stoker naît en Irlande en 1847. Enfant malingre, son imagination s'enflamme aux terrifiantes légendes que sa mère lui raconte à son chevet pour l'amuser. Adulte, il s'établit à Londres, où il devient le gestionnaire du célèbre théâtre Lyceum. Aux yeux du monde, c'est un homme jovial ; mais intérieurement, il nourrit d'étranges pensées. On raconte qu'un cauchemar où il s'est vu assailli par trois femmes vampires lui aurait donné l'idée d'un roman…

Bram enfant

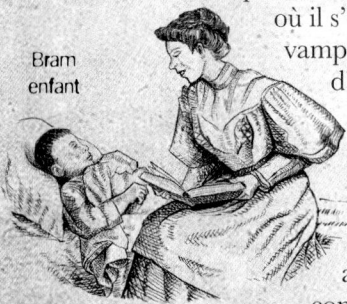

Stoker a déjà écrit quelques histoires d'horreur, pourtant celle qu'il envisage sera fort différente. Il consacre des années à lire tout ce qu'il peut concernant les vampires, des mythes folkloriques jusqu'aux romans tels que *Le Vampyre* et *Carmilla*. Il se rend même dans la cité balnéaire de Whitby, où il enquête sur les naufrages auprès des pêcheurs locaux. Dans la bibliothèque municipale, il découvre un livre consacré à l'ancien état roumain de Valachie, là où les monts Carpates résonnent de la sanglante histoire de Vlad l'Empaleur. Parallèlement, il poursuit sa vie théâtrale, travaillant au Lyceum avec le célèbre acteur victorien Sir Henri Irving, dont les physique et les manières inspirent son personnage principal.

Dracula est enfin publié en juin 1897. Composée de lettres et d'extraits de journal intime, l'histoire tourne autour du comte Dracula, aristocrate du dernier chic qui réside dans un château lugubre. Cette créature antique, vieille de plus de 400 ans, affirme descendre d'Attila le Hun. S'inspirant des mythes de l'Europe centrale, Stoker fait de son maléfique buveur de sang un être doué de métamorphoses que repoussent l'ail et les objets religieux, incapable d'entrer dans une maison sans y être invité, et que seul un pieu planté dans le cœur saura exterminer. Stoker imagine en outre conférer à sa créature une puissance phénoménale et la faculté de grimper aux murs.

Lors de sa mise en vente, le roman reçoit un accueil mitigé. Des critiques le jugent de mauvais goût, et Stoker gagnera peu d'argent avec ce titre de son vivant. Porté à la scène, puis au cinéma, l'ouvrage rencontre alors un succès extraordinaire. Vers 1940, plus d'un million d'exemplaires a été vendu. Depuis, il est sans cesse réimprimé. En rendant le mythe crédible aux yeux d'un public moderne, Bram Stoker hisse le vampire sur des sommets inédits de gloire.

Théâtre Lyceum à Londres

DRACULA : LE THÈME DE L'HISTOIRE

Le roman débute par le voyage d'un jeune notaire, Jonathan Harker, dépêché auprès du mystérieux comte Dracula dans son château en Transylvanie. Jonathan est d'abord enchanté par son hôte, qu'il aide pour acquérir une maison en Angleterre. Mais, il découvre bientôt qu'il est en fait prisonnier du lugubre palais. Son occupant dévoile alors sa véritable nature de vampire.

Son jeune notaire toujours captif, Dracula gagne l'Angleterre à bord du bateau *Déméter*. Durant la traversée, l'équipage entier périt dans des circonstances inexpliquées avant que le vaisseau échoue sur les côtes anglaises à Whitby, dans le Yorkshire, où séjournent la fiancée de Jonathan, Mina Murray, et son amie, Lucy Westenra. Celle-ci tombe sous la coupe du démon et, de retour à Londres, perd graduellement ses forces. Son fiancé, Arthur Holmwood, et deux de ses anciens prétendants, le docteur Seward et Quincey Morris,

Le comte diabolique

fermement déterminés à la sauver, appellent le professeur Van Helsing à la rescousse. Lorsque Lucy meurt, ce dernier comprend sans peine que la jeune femme est devenue vampire et aide ses amis à mettre fin à ses agissements.

Dans l'asile du docteur Seward, situé près de l'abbaye Carfax (la nouvelle demeure de Dracula), un patient, Renfield, agit chaque jour de façon plus étrange. Van Helsing, Mina, Jonathan (échappé de Transylvanie), Arthur, Quincey et Seward joignent leurs forces pour traquer le monstre. Le comte maudit trouve néanmoins une nouvelle victime en Mina. Nos hommes le pistent alors jusqu'en Transylvanie où, dans un combat final, ils lui transpercent le cœur et le décapitent, l'anéantissant une fois pour toutes et libérant ainsi Mina de son emprise.

PRINCIPAUX PERSONNAGES

COMTE DRACULA : puissant vampire de noble naissance.

JONATHAN : jeune notaire londonien, dépêché en Transylvanie pour conseiller Dracula dans ses affaires immobilières.

MINA MURRAY : fiancée, puis femme de Jonathan.

LUCY WESTENRA : meilleure amie de Mina. Tombée sous l'emprise de Dracula, elle devient une morte-vivante.

PROFESSEUR ABRAHAM VAN HELSING : scientifique néerlandais expert en vampires. Il prend la tête du combat contre Dracula.

DR JOHN SEWARD : directeur de l'asile qui devient le quartier général de l'équipe des chasseurs de vampires.

ARTHUR HOLMWOOD : fiancé de Lucy. Il finance la chasse aux vampires.

QUINCEY P. MORRIS : jeune Américain fortuné et soupirant de Lucy, résolu à abattre Dracula.

R. M. RENFIELD : patient commis dans l'asile psychiatrique du docteur Seward. Il appelle Dracula « Maître ».

L'abbaye Carfax, où Dracula établit sa demeure.

Je pouvais sur mon cou sentir la chaude haleine. La **peau** de ma gorge commença alors à picoter... Je pouvais sentir les délicats et frémissants **frôlements** des lèvres sur ma gorge à la peau délicate, et la dure incision de deux **dents** aiguisées.

Dracula, Bram Stoker

VLAD
L'Empaleur
– LE VRAI DRACULA –

Voïvode de la principauté montagneuse de Valachie, région de la Roumanie moderne, Vlad Dracula est un tyran sanguinaire qui inspire la peur au cœur de ses sujets. Bram Stoker n'a pas seulement donné son nom à son célèbre héros diabolique : le roman emprunte, dit-on, d'autres traits à la sanglante légende de Vlad.

VLAD LE VIL

Né en 1431, Vlad Dracula connaît une éducation turbulente et passe une partie de ses jeunes années comme otage de l'empire ottoman. Il monte sur le trône en 1448, mais voit son règne s'interrompre à deux reprises avant sa mort en 1476. On le considère comme l'un des souverains les plus épouvantables de l'histoire, il est d'ailleurs baptisé Vlad Tepes (se prononce Tépéch), ce qui signifie Vlad «l'Empaleur».

LA VALACHIE

La principauté médiévale de Valachie est à l'époque un petit territoire dangereusement situé entre deux puissants empires en guerre: les Ottomans à l'Est, l'Autriche-Hongrie des Habsbourg à l'Ouest. Vlad passe une bonne partie de sa vie à combattre ses voisins désireux d'annexer la Valachie.

PRINCE SANGUINAIRE...

Durant son règne, Vlad massacre quiconque se met en travers de sa route, y compris les femmes, les enfants et les infirmes. Comme le suggère son surnom, sa méthode favorite pour se débarrasser de ses ennemis consiste à les empaler sur des pieux de bois aiguisés. Il aurait ainsi tué des milliers de personnes.

... ET HÉROS NATIONAL

La Roumanie voit en Vlad un héros national en dépit de sa réputation sanglante. Il a défendu son territoire contre les puissances ennemies et, bien qu'assoiffé de sang, a régné de manière équitable. Sous son règne, la Valachie ne connaît presque pas de crimes: ses sujets savent trop le terrible châtiment qu'ils encourrent. Selon la légende, Vlad installe un jour une coupe d'or près d'une fontaine dans un jardin public, et si tous s'en servent, nul ne la vole.

DRACUL

Le père de Vlad a pris le nom «Dracul» (désignant le dragon ou le diable en roumain) lorsqu'il a rejoint l'ordre du Dragon, dont le sceau figure ci-dessus. Dracula signifie «fils de Dracul». Avant qu'il ne s'approprie ce nom remarquable, le méchant du roman de Bram Stoker devait s'appeler le comte Wampyr.

ÉLIZABETH
Báthory
– UNE COMTESSE DE SANG –

Vers l'an 1600, de terribles récits circulent : une comtesse hongroise, Élisabeth Báthory, assassine et torture, à l'abri de son château, des dizaines de jeunes filles innocentes, et ce, durant des années.

DE NOBLE NAISSANCE

Élisabeth Báthory descend de l'une des plus riches et plus puissantes familles du royaume de Hongrie. Héritière d'aristocrates de Transylvanie, elle épouse à 15 ans le comte Ferenc Nádasdy, un chef militaire hongrois. Le couple s'établit au château de Cachtice, au Nord-Ouest du pays (dans la Slovaquie d'aujourd'hui). Son époux s'absentant souvent, la jeune femme dirige seule les terres.

BAIN DE SANG

Selon la légende, Élisabeth est une femme belle et orgueilleuse recourant à toutes sortes d'onguents pour préserver son teint. Elle frappe un jour une servante au sang : comme elle s'essuie, il lui semble qu'aux endroits où le liquide a touché sa peau, celle-ci est plus jeune et plus fraîche. Elle en conçoit, poursuit la légende, une obsession terrible qui la pousse à concevoir un terrible plan pour se procurer du sang en grande quantité.

SES COMPLICES

Aidée d'un petit groupe de serviteurs –dont certains seraient des adeptes de la sorcellerie et de la magie noire– la comtesse attire au château des paysannes des environs par des promesses d'embauche. Les jeunes femmes y sont soumises à d'atroces tortures, puis horriblement assassinées. Ces réserves épuisées, Élisabeth propose d'enseigner les bonnes manières aux héritières de familles nobles. Si la disparition de pauvres paysannes est passée à peu près inaperçue, celle de membres de l'aristocratie éveille les soupçons, jusqu'à parvenir à la cour du roi Mathias de Hongrie.

DÉCOUVERTES MACABRES

Une enquête est lancée, fin décembre 1610, et met au jour une chambre souterraine de tortures, au château. L'endroit est maculé de sang; en plus des vêtements et menues possessions des disparues, le sol est jonché d'ossements et de restes humains. On accuse Élisabeth d'avoir tué 80 jeunes filles. Certaines spéculations la rendent responsable de morts bien plus nombreuses. Ses complices seront exécutés, mais la comtesse, compte-tenu de sa noble naissance, ne passe pas en jugement. On la mure dans sa chambre du château de Cachtice, où l'on découvrira son cadavre quatre années plus tard.

BIEN PLUS QU'UNE LÉGENDE...

Si les crimes de la comtesse Báthory sont particulièrement épouvantables en soi, au fil des années, la légende les a enrichis. Dans certaines versions, le nombre des victimes excède 600 et le goût du sang de la comtesse tourne au sadisme: on dit qu'elle s'y baigne, qu'elle en boit même! Comme cette histoire concerne une aristocrate de Transylvanie, on a parfois pensé que Bram Stoker s'est inspiré de l'histoire d'Élisabeth Báthory dans son roman. S'il n'en existe aucune preuve, rien n'empêche que le personnage de Dracula ait en réalité été inspiré par une femme.

Comment Évolue le vampire

Avec Dracula, les vampires changent. Toujours mortellement dangereux, ils perdent leurs traits repoussants pour devenir affables, sophistiqués. Aujourd'hui encore, ils continuent d'évoluer. Désormais plus jeunes, plus séduisants, ils acquièrent un caractère plus complexe. Doués de nouvelles facultés, ils savent défier les talismans et les stratagèmes qui les repoussaient naguère. Dans les romans du 21e siècle, certains se dressent contre leur nature profonde pour résister à leur soif de sang humain et vivre dans la société des hommes.

Horreur

Les premiers films d'horreur jamais tournés traitent déjà de vampires, et de Dracula en particulier, ou d'un personnage qui en dérive. Depuis l'époque du noir et blanc, les vampires des salles obscures se sont chaque fois adaptés au goût du jour.

DRACULA (1931)

Réalisé par Tod Browning, c'est le premier film parlant qui traite des vampires. L'accent hongrois, la cape et les cheveux lissés en arrière de Bela Lugosi, qui incarne le comte, vont devenir des clichés de Dracula. Dans cette version, le monstre, élégant et débonnaire, n'a pas de crocs.

NOSFERATU (1922)

Considéré comme l'un des films les plus effrayants, ce classique allemand est le premier à se fonder sur le roman de Bram Stoker. Toutefois, il a été réalisé sans la permission de ses héritiers, ce qui explique le changement de noms. Max Schrek y incarne le vampire "nosferatu", sous les traits du repoussant comte Orlok dont les airs grotesques n'évoquent guère le charme de Dracula.

VAMPYR (1932)

Vaguement inspiré par la nouvelle de Sheridan Le Fanu, *Carmilla*, *Vampyr* est un film d'art franco-allemand, qui explore différentes techniques cinématographiques pour relater l'histoire d'une vieille femme vampire alliée au docteur du village. On met fin à ses jours en la transperçant d'un pieu.

LA FILLE DE DRACULA (1936)

Première suite véritable d'un film de Dracula, le film réalisé par Lambert Hillyer débute quelques instants après la fin de *Dracula*. On y découvre la fille du comte, héritière de la passion de son père pour le sang.

LA MAISON DE DRACULA (1945)

Ce film américain voit cohabiter Dracula avec l'homme-loup et le monstre de Frankenstein. Incarné par John Carradine, il cherche un moyen de guérir de sa malédiction. Son vampirisme est attribué, nouveauté scientifique, à la présence de parasites dans ses veines.

LE CAUCHEMAR DE DRACULA (1958)

Christopher Lee est la vedette de cette première version en couleur, où Dracula quitte son château pour un pied-à-terre de célibataire. Il s'assure ainsi de nouveaux fans. Des lentilles colorent ses yeux en rouge.

DRACULA (1979)

Sous-titrée «Une histoire d'amour», cette adaptation modifie l'intrigue du roman, pour en renforcer l'aspect romantique. Lucy et le comte Dracula vivent un amour malheureux. Pour le rendre plus crédible, le Dracula de Frank Langella n'a ni croc, ni lentille de contact colorée.

DRACULA (1992)

Dans cette version, par un bizarre retour des choses, c'est Mina, qui tombe amoureuse de Dracula, et le libère de sa malédiction pour qu'il meure en paix. Le Dracula de Gary Oldman est tantôt jeune et séduisant, tantôt décrépit par l'âge et métamorphosé par la colère en un hideux monstre vert.

Sombres anges

– LES VAMPIRES S'ÉMANCIPENT –

Difficile de croire que les vampires d'aujourd'hui soient des créatures identiques à celles qui figurent dans les anciens films de Dracula. Au 21e siècle, ils n'incarnent plus le mal: leur évolution en a fait des êtres complexes animés par leur cœur, leur esprit et leur conscience.

JOLIS MONSTRES

Des siècles durant, le vampire n'est qu'un prédateur. Soudain, dans les années 1970, sa situation change. Par son succès phénoménal, la série des *Chroniques des vampires* d'Anne Rice devient la source la plus influente de la littérature vampirique depuis *Dracula*. Pour la première fois, les buveurs de sang se parent d'aspects positifs. Les voici doués d'une sensibilité exacerbée, intellectuels, passionnément attirés par la beauté. Jeunes et beaux pour l'éternité, ils s'efforcent de préserver leur humanité, malgré l'obligation qui les damne à boire du sang pour demeurer en vie. Au cœur du cycle campe l'increvable Lestat de Lioncourt. Égoïste et arrogant, il aime à jouer des tours cruels, sans être foncièrement vicieux. Louis de Pointe du Lac, dont il a fait un vampire, désespère de son sort et tâche de subsister grâce au sang d'animaux.

EN LEUR ÂME ET CONSCIENCE

Les romans d'Anne Rice fraient la voie à de nouvelles variations sur le mythe. Les vampires modernes ne craignent plus l'ail ni l'aubépine, ne fuient pas à la vue des prêtres ni des symboles religieux, et leur reflet au miroir leur prouve qu'ils sont plus humains que vampires. Comme ils sont insensibles à la lumière du soleil, ils parviennent à mener chez les hommes des vies en apparence normales, bien que leur beauté éthérée et leur sensibilité exacerbée les détachent du lot commun. Mieux encore, ils éprouvent le même chaos d'émotions que les humains et sont capables de choix moraux quant à la manière dont ils entendent conduire leur existence. C'est la fin des créatures nécessairement impitoyables, entièrement soumises à leurs appétits: ils envisagent leur condition comme une bénédiction autant qu'une malédiction. S'ils s'enchantent de leurs pouvoirs, ils luttent pour réconcilier leur nature sanglante et leurs qualités humaines. Dans la lutte entre le bien et le mal, les vampires contemporains choisissent eux-mêmes leur camp.

Enfants

VAMPIRES

Il était autrefois inconcevable que le vampirisme corrompe l'innocence enfantine. De nos jours cependant, les jeunes vampires sont partout. Si certains se révèlent vicieux, d'autres se font des amis, s'opposent aux brutes et tâchent de s'adapter au mieux.

SOLITUDE

Pour le vampire enfant, l'innocence de ses jeunes années ne dure qu'un instant. Alors même que sa nature le contraint à se nourrir de sang, il lui faut vivre avec un esprit qui mûrit dans un corps à jamais enfantin. Dans le film *Morse*, adapté du roman de John Ajvide Lindqvist, Eli (ci-contre) est une enfant vampire vieille de centaines d'années, qui habite la banlieue de Stockholm en Suède. Bien qu'elle ait accepté sa nature, elle mène une vie morose et solitaire. Elle se lie d'amitié avec Oscar, enfant lui aussi esseulé et opprimé par ses camarades, qu'elle encourage à s'opposer à ses tourmenteurs.

PRIS AU PIÈGE

L'un des premiers, et des plus effrayants, enfants vampires est Claudia, des *Chroniques des vampires* d'Anne Rice. Elle tire le plus grand profit de son apparence de petite fille en prétendant être terrorisée et perdue: elle tue alors ceux qui viennent à son secours.

Comme les enfants, elle ne contrôle pas sa faim. Sitôt qu'elle en ressent le besoin, elle mord. Pour autant, c'est une femme prisonnière d'un aspect de fillette. Son esprit mûrit, à l'inverse de son corps. Elle sait que, malgré le désir qu'elle en a, elle ne grandira jamais, ce qui la plonge dans le désespoir.

EN TOUTE LIBERTÉ

Tous les enfants vampires ne sont pas contraints d'agir comme de petits voyous inaptes à maîtriser leurs désirs. Nombre d'entre eux sont en fait l'exact contraire: absolument libres. Débarrassés du joug parental, ces adolescents se prennent eux-mêmes en charge et n'obéissent qu'à leurs propres règles. Parents ou figures d'autorité sont rarement auprès d'eux. Ils grandissent tout en composant avec les difficultés des relations humaines et de leur propre identité. D'Angel, jeune vampire de *Buffy, la tueuse de vampires*, à Edward Cullen de *Twilight*, ils tâchent d'agir pour le mieux, se maîtrisant pour ne pas mettre les autres en danger.

Chasseurs

DE VAMPIRES

Bien que les vampires d'aujourd'hui soient parfois doués de conscience, ces créatures des ténèbres n'en représentent pas moins une terrible menace. Le chasseur, ou exterminateur, de vampires est notre protecteur dans la lutte entre le bien et le mal. Il a su évoluer avec ceux qu'il traque et tue.

HÉROS MALGRÉ EUX

Certains chassent les morts-vivants par conviction religieuse, d'autres par appât du gain. On compte aussi les revanchards et les amateurs de sensations fortes. Enfin, il y en a dont le destin consiste à combattre les vampires, qu'ils le veuillent ou non. Buffy, dite l'Élue, est l'une de ces héroïnes involontaires. Elle fait sa première apparition dans un film de 1992, *Buffy, la tueuse de vampires*, avant de poursuivre sa carrière d'adolescente exterminatrice dans la série télévisuelle du même nom, diffusée de 1997 à 2003. Défendant sa ville natale de Sunnydale de l'assaut des démons, elle emploie l'arsenal traditionnel de la tueuse de vampires: pieux, lumière du jour, eau bénite, décapitations, crucifix et feu plus une fabuleuse technique de combat de rue. Une petite bande de disciples l'aide dans sa tâche.

DES CERVEAUX

Avant Buffy, le plus célèbre des tueurs de vampires reste Abraham Van Helsing, farouche adversaire de Dracula dans le classique de Bram Stoker. Ce personnage surgit ensuite, aussi bien sur papier qu'à l'écran, dans de nombreuses adaptations. Il est le chasseur chez qui l'intellect compte bien plus que la force musculaire pour déjouer les stratagèmes de l'ennemi. D'ailleurs, même les tueurs aux capacités physiques innées pour ce combat doivent avoir une cervelle et bien connaître leurs proies pour réussir.

NOUVEL ÉQUIPEMENT DE CHASSE

Les vampires ont évolué: leurs chasseurs aussi. Ainsi, leur armement emprunte à la modernité. Aujourd'hui, dans les films de vampires, outre l'art de la savate que pratique Buffy, ils ont recours à des fusils modernes tirant des balles d'argent, des arbalètes décochant des pieux de bois, des atomiseurs d'eau bénite. Sous ses trompeuses apparences d'adolescente ordinaire, Buffy suit une vocation secrète. D'autres nettoyeurs offrent des incarnations renouvelées du dhampir de la mythologie d'Europe centrale: le héros de la série *Blade* est un demi-vampire immunisé contre les morsures, et motivé par la vengeance. Les vampires sont dorénavant des créatures moralement complexes, et leurs relations avec leurs chasseurs ne se cantonnent donc plus nécessairement à une simple lutte à mort: les émotions y jouent bien souvent un rôle central.

Pour l'Amour

D'UN MORT-VIVANT

Les vampires ont longtemps été des créatures fantastiques, inspirant un mélange d'horreur, d'angoisse et de fascination. Les touchants vampires d'aujourd'hui sont de plus en plus héroïques : délaissant leur passé de meurtriers, ils deviennent des objets d'affection, jouissant des puissances et des instincts du prédateur tout en cachant un cœur...

TWILIGHT

Les vampires de la saga *Twilight* de Stephenie Meyer captivent des millions de lecteurs dans le monde. Le «clan» principal –les Cullen– a choisi de ne boire que du sang animal et de vivre dans la société des hommes. Leur séduction émane de leurs manières hautaines et de l'air mystérieux qui les entoure, de leurs prouesses artistiques et, bien sûr, de leur incroyable beauté physique. Cette série de quatre romans détaille la vie de Bella Swan, adolescente récemment débarquée à Forks, dans l'état de Washington des États-Unis. Elle s'éprend du ravissant Edward Cullen, lequel se trouve être vampire. Il s'efforce de résister à sa propre inclinaison pour la jeune femme et lutte sans cesse contre ses instincts les plus vils. Bien qu'il l'aime et ne lui souhaite aucun mal, il est néanmoins attiré par la senteur de son sang. Âgé en apparence de 17 ans, il existe depuis 1901 et se comporte en gentilhomme de la vieille école : il ouvre la portière de sa passagère, lui avance sa chaise et défend son honneur devant les brutes du lycée. Quelle fille pourrait-elle lui résister ?

AMOUR INTERDIT

Les personnages comme Edward Cullen ont transmué le vampire de démon satanique en héros moderne. Cette transformation a commencé avec l'apparition sur la scène romanesque d'un vampire tout à fait inédit, le Lestat d'*Entretien avec un vampire*, l'un des monstres les plus audacieux et des plus séduisants de la littérature. Les romans d'Anne Rice le décrivent comme un bel homme de 1,80 mètre, blond et aux yeux gris capables d'absorber le bleu et le mauve de surfaces avoisinantes. On le dit téméraire, rebelle et enjôleur. Ces êtres sont certes dangereux, mais cette aura menaçante renforce leur attrait : peut-être parce que l'humanité est toujours attirée par le fruit défendu.

BEAUX ET JEUNES

On comprend aisément que l'humanité s'éprenne de semblables créatures. Fini, les démons sifflant devant un crucifix, les pervers séduisant les jeunes filles pures. Ces vampires ont le sens du bien et du mal et savent défier la mort, anéantir leurs ennemis et passer des nuits blanches sans altérer leur élégance surhumaine. Leurs yeux séculaires contemplent le monde dans des corps à la jeunesse intacte, dont l'étrangeté fascine. Un halo de mystère et de puissance les auréole, sans masquer la force de leurs émotions. Les vampires attirent particulièrement ceux qui se sentent «différents». Ils éveillent donc un vif intérêt chez les adolescents incompris et solitaires, d'autant qu'ils font montre de traits intensément humains –désirs inassouvis, vulnérabilité et orgueil – accompagnés toutefois de capacités surhumaines. Nombreux sont ceux qui accepteraient aujourd'hui avec joie le cœur d'un vampire, désormais bien plus qu'un simple réceptacle pour pieu de bois.

«Je suis le meilleur **prédateur** au monde, n'est-ce pas? Tout en moi **t'attire** –ma voix, mes traits, mon **odeur**. Comme si j'avais besoin de ça!»

Twilight, Stephenie Meyer

Extrait de la p. 286 du volume I de *Twilight* (*Fascination*) de Stephenie Meyer © Hachette Livre 2005 pour l'édition française, traduite de l'anglais par Luc Rigoureau.

Vampires pour l'éternité !

Miroirs de leur époque, ils évoluent et s'adaptent à chaque nouvelle génération. Les toutes premières histoires de **revenants** sont, par exemple, souvent liées aux croyances religieuses et spirituelles. En elles se reflètent les inquiétudes de l'humanité face à la mort et à l'**au-delà**. Suite aux avancées scientifiques du 20ᵉ siècle, des explications rationnelles de la condition vampirique se font jour : on l'attribue à des parasites dans le **sang** ou à des mutations génétiques. Trompeusement semblables aux humains, les vampires demeurent pourtant une **race** bien à part. Dans certaines légendes, ils résident dans leur propre monde **mythique**, sans beaucoup de contacts avec l'histoire humaine. Dans d'autres, ils forment une espèce entièrement distincte, évoluant en parallèle avec la nôtre. C'est justement cette **différence** qui confère aux vampires leur attrait sans égal et leur incroyable puissance de survie, puisque nous pouvons alors explorer les possibilités ainsi ouvertes en **frissonnant** délicieusement. Les vampires et leurs histoires nous permettent de combattre nos frayeurs face à la mor à l'**amour** et au désir. Ils nous aident à comprendre nos préoccupations et éclairent nos fantasmes. Tant que nous éprouverons crainte et sentiments, les vampires s'adapteront à eux. Leur histoire n'est donc pas finie…

Vampires
pour l'éternité

Des films et des livres...

Livres

**Les dents de la nuit :
Petite anthologie vampirique,
Sarah Cohen Scali,**
Le Livre de poche jeunesse,
Contemporain, n° 1395, 2009

**Vampires ; la naissance T1,
Journal d'un vampire T2,
Lisa Jane Smith,**
Hachette Jeunesse,
collection Black Moon, 2000, 2009
Elena, la reine du lycée, séduit
le garçon aux allures d'ange rebelle,
Stefan. Ce dernier lui révèle son terrible
secret : quelques siècles plus tôt,
la femme qu'il aimait l'a transformé
en vampire, avant de le trahir avec son
frère ennemi, Damon. Le récit captivant
de deux frères vampires déchirés
par l'amour d'une même femme.

**Midnighters, L'heure secrète T1,
L'étreinte des ténèbres T2,
Scott Westerfeld,** Pocket Jeunesse,
2009
Il existe une ville où le temps s'arrête
à minuit, New-York. Venez y partager
es aventures des "midnighters", ces
adolescents nés à minuit pilequi seuls
peuvent traverser cet espace temps...

**Les vampires de Manhattan
T1, Les Sang-Bleu
T2, Les Sang-d'Argent T3,
Mélissa de la Cruz,**
Albin Michel Jeunesse,
collection Wiz, 2007, 2009

Vampires : une anthologie,
Bartillat, 2008
Anthologie littéraire des textes habités
de vampires : Calmet, Polidori, Hoffmann,
Gogol, Dumas, Stoker, Jean Ray et Anne Rice
vous livrent leur vision de ces créatures.

**Nuits d'enfer au paradis,
Stephenie Meyer, Meg Cabot,
collectif,** Hachette Jeunesse,
collection Black Moon, 2008
Quelle fille n'a jamais rêvé d'être
la reine du bal de fin d'année ?
Les histoires de ce recueil réunissent
des héroïnes qui ont tout pour accéder
au podium. Mais, c'est sans compter
sur les vampires, démons et autres
morts-vivants qui s'invitent à la fête...
Alors, prêtes à danser avec le Diable ?

**Fascination T1, Tentation T2,
Hésitation T3, Révélation T4,
Stephenie Meyer,**
Hachette Jeunesse, collection Black
moon, 2005, 2006, 2007, 2008
Bella a 17 ans, Edward, un demi-siècle
de plus qu'elle et cela ne les empêche
pas de se vouer un amour passionnel.
Seulement, la nature sanglante d'Edward
ne viendra-t-elle pas constituer un frein
à leur relation ? Edward parviendra-t-il
à aimer sans mordre ?

Dracula, Bram Stoker,
Flammarion, coll. J'ai lu,
Fantastique, 2005

**Carmilla, Joseph Sheridan
Le Fanu,** LGF, collection Libretti, 2004

**Entretien avec un vampire, T1,
Anne Rice,** Fleuve noir,
collection Thriller fantastique, 2004
De nos jours, à la Nouvelle-Orléans, un jeune
homme a été convoqué dans l'obscurité
d'une chambre d'hôtel pour écouter la plus
étrange histoire qui soit. Tandis que tourne
le magnétophone, son mystérieux
interlocuteur raconte sa vie de vampire.
Comme l'interviewer, nous nous laissons
subjuguer, fasciner et entraîner à travers les
siècles dans un monde sensuel et terrifiant
ou l'atroce le dispute au sublime.

**Le baiser du vampire et autres
histoires fantastiques,
Alexandre Dumas,**
Pocket, collection Classiques, 2002

**La baronne trépassée,
Pierre Ponson du Terrail,**
Joëlle Losfeld, collection Arcanes, 1998
À la suite d'un pari qu'il a perdu, Hector
de Nossac devient durant vingt-quatre
heures l'esclave d'une femme qui fut
sa maîtresse. Celle-ci vient réclamer son
dû le soir des noces du baron. Sa jeune
épouse disparaît. Est-elle morte, est-elle
vivante ? Est-ce son spectre qui hante
les cimetières ? Est-elle ce vampire qui
trouble les nuits du baron de Nossac ?
Piège, machination, épouvante, telle
est l'atmosphère de cet ouvrage paru
en 1852.

**La Ville-Vampire /
Le chevalier Ténèbre, Paul Féval,**
Éditions Ombres, Petite bibliothèque
Ombres, 2000, 2001

**La jeune vampire in Récits de
science-fiction, J.H. Rosny Aîné,**
Marabout Science Fiction, 1975
Londres, dans les années 1900.
Evelyne, jeune fille à la beauté
surprenante, meurt subitement. Les
médecins constatent le décès et son
corps commence à se décomposer.
Pourtant, le quatrième jour, elle revient à
la vie. Elle semble ne plus être la même
et parle d'elle à la troisième personne
quant il est fait état des événements
antérieurs à sa «mort». À partir de cet
instant, toute personne en contact
prolongé avec Evelyne, devient
anormalement pâle et fragile. Son mari,
intrigué par son propre état de santé,
commence à la soupçonner.Il s'aperçoit
ainsi, que toutes les nuits, Évelyne lui
suce le sang.

Mademoiselle Christina,
Mircea Eliade, Herne, 2007

Vampirates
(Les démons de l'océan T1 /
La marée de la peur T2 /
Le capitaine de sang T3),
Justin Somer, Hachette Jeunesse,
collection Yokai, 2007, 2008

Profession Vampire, Gudule,
Archipoche Jeunesse, 2007
Merveilleuses vacances pour Loïc!
Il va jouer, en compagnie de son oncle
Marc et de sa cousine Julie, dans un
film de vampire. Et où cela? Dans un
château hanté! Passionnante expérience!
Passionnante... jusqu'à ce que le
tournage vire à la catastrophe. Car les
spectres, semble-t-il, n'aiment pas qu'on
se moque d'eux. Peur et aventure sont
au rendez-vous!

Encyclopaedia vampirica :
encyclopédie illustrée
des vampires, Temps présent,
collection Enigma, 2009

Les créatures fantastiques,
Belinda Weber, Nathan,
collection tout un monde 9/12 ans,
2008

Traité de vampirologie,
Dr Abraham Van Helsin,
Pré-aux-clercs, 2009
Les vampires existent-ils? Quelles formes
prennent-ils pour séduire les humains
et leurs familles? Quelles sont les armes
pour les détruire? C'est à ces questions
épineuses que répond ce traité, rédigé
au début du 20e siècle par le plus grand
chasseur de vampires, le docteur Van
Helsing, qui terrassa Dracula de la pointe
de son épieu. Cet authentique grimoire
est parfaitement documenté sur tous
les aspects du vampirisme tels que nous
pouvons les connaître par l'Histoire,
les légendes, le folklore, les croyances
et les superstitions. D'anciens traités
et nouvelles, signés de grands maîtres

du fantastique tels Poe, Hoffmann
ou Dom Calmet, viennent compléter
cet ouvrage.

Manuel du chasseur de vampires,
Raphaël Van Helsing,
Éditions Contre-Dires,
collection Articles sans C, 2008

L'encyclopédie de la fantasy,
dans le monde des créatures
imaginaires, **Judy Allen,**
Rouge et Or, 2006

Les vampires, Biotop,
Trois-Demi Le Mini-Livre, 2003

Mangas

Vampire kisses, **Volume 1,**
Soleil, collection Soleil Manga, 2009

Vampire knight, **Volume 1 à 9,**
Panini Manga, collection Shojo,
2007, 2009

Vampires Deluxe, Asuka, collection
Le meilleur d'Osamu Tezuka, 2008

Vampire host, Tonkam, collection
Shojo, 2008

Séries TV

Mon père dort au grenier,
Philippe Bérenger, 26 épisodes
de 26 minutes, France 2

Buffy contre les vampires,
Daniel Attias, Intégrale
des 7 saisons, Coffret 39 DVD

Moonlight, **Ron Koslow,**
Trevor Munson, 1ère saison, TF1

DVD

Twilight (Fascination),
Catherine Hardwicke, 21 mars 2009

Van Helsing, Stephen Sommers,
5 mai 2004

Underworld, Len Wiseman,
24 septembre 2003 SÉRIE

Le petit vampire, Uli Edel,
25 octobre 2000

Vampires, John Carpenter,
9 février 1999

Ed wood, Tim Burton,
21 juin 1995

Dracula mort et heureux
de l'être, Mel Brooks, 1995

Entretien avec un vampire,
Neil Jordan, 21 décembre1994

Buffy tueuse de vampires :
Le film, Fran Rubel Kuzui,
1992 SÉRIE

Bram Stoker's Dracula,
Francis Ford Coppola, 13 novembre
1992

Vampire... vous avez dit
vampire, Tom Holland,
29 janvier 1986

Nosferatu,
Werner Herzog, 17 janvier 1979

Les cicatrices de Dracula,
Roy Ward Baker, 1 janvier 1970

Le bal des vampires,
Roman Polanski, 13 février 1968

Le cauchemar de Dracula,
Terence Fisher, 1959

La maison de Dracula,
Erie C. Kenton, 1948

Sites Web

http:// blog.vampirisme.com/
vampire/

http:// www.vampiredarknews.
com/poste.html

Jeux :
http://www.vampire-ville.com

Vampires EN QUELQUES MOTS

Adam
Dans la Bible chrétienne, premier homme créé par Dieu.

Ail
Plante bulbeuse de la famille de l'oignon.

Amulettes
Objets, par exemple charmes et talismans, dont la vue fait fuir le mal.

Aristocrate
Individu né dans la noblesse (ancienne classe dirigeante).

Assa-foetida
Résine sèche extraite d'une plante semblable au fenouil, qui exhale une puissante senteur d'ail quand elle est crue.

Attila le Hun
Empereur des Huns (peuple issu de la Hongrie moderne). Ce fut, de 434 à 453 de notre ère, un guerrier farouche, réputé pour sa cruauté.

Aztèques
Aux 14e, 15e et 16e siècles, peuple du Mexique central, pratiquant les sacrifices humains.

Banshee
Fée de la mythologie irlandaise, qui se lamentait pour annoncer la mort de personnages importants.

Cadavre
Corps mort.

Chauve-souris vampire
Chauve-souris de l'Amérique du Sud, qui se nourrit principalement de sang. Active durant la nuit, il lui arrive d'attaquer des hommes endormis.

Coiffé
Se dit d'un enfant dont le crâne, à la naissance, est recouvert d'une membrane.

Crocs
Longues dents pointues, servant à mordre et à déchiqueter. Chez les vampires, les crocs désignaient les canines supérieures servant à percer la peau des victimes pour en sucer le sang.

Crucifix
Symbole de la mort de Jésus-Christ par crucifixion. Il est supposé effrayer les vampires.

Démon
Esprit ou monstre maléfique.

Divinité
Dieu ou déesse.

Don des ténèbres
Terme utilisé dans les *Chroniques des vampires* d'Anne Rice pour décrire la condition de vampires.

Éden, jardin
Dans la Bible, lieu où résidaient le premier homme et la première femme, Adam et Ève.

Empire des Habsbourg
La puissante famille des Habsbourg régnait sur un empire établi dès le 13e siècle et couvrant à son apogée les actuels Autriche, Hongrie, République tchèque, Slovaquie, Slovénie, Croatie, ainsi que plusieurs autres contrées.

Empire ottoman
Vaste empire ayant existé du 13e au 20e siècle. À son apogée, il couvrait trois continents, incluant une grande partie de l'Europe du Sud-Est, le Moyen-Orient et l'Afrique du Nord.

Espèce
Type particulier de plante ou d'animal. Les membres d'une même espèce partagent des caractéristiques communes.

Fée
Créature mythique, souvent à forme humaine, dotée de facultés magiques.

Film d'art
Film qui développe son contenu artistique plutôt que sa valeur commerciale.

Folklore
Ensemble de croyances et de contes populaires, souvent transmis oralement de génération en génération, reflétant l'histoire et la culture d'un groupe.

Gothique
Style architectural orné, qui a fleuri au Moyen Âge sur les églises et les châteaux. Remis au goût du jour à la fin du 18e siècle, ce nom qualifie aussi un genre romanesque anglais aux décors ruinés et sombres où se déroulent des intrigues macabres et mystérieuses.

Hébreu
Langue sacrée des Juifs, qui remonte au 6e siècle environ avant notre ère.

Hypnose
Processus par lequel une personne est plongée dans un état de conscience entre veille et sommeil, potentiellement à la merci de celui qui l'a hypnotisée.

Immigrant
Nouvel arrivant dans une contrée ou un pays, où il décide de s'installer de manière permanente.

Immortel
Vivant pour l'éternité, sous une forme spirituelle ou matérielle.

Légende
Histoire venue du passé, à laquelle la foi populaire donne parfois des bases historiques, mais qui n'est pas vérifiable.

Maya
civilisation du Mexique et de l'Amérique centrale, qui continua d'exister jusqu'à sa conquête par les Espagnols au début du 16e siècle.

Mésopotamie
Région du Moyen-Orient, entre le Tigre et l'Euphrate, considérée comme le berceau de la civilisation. Elle a connu quelques-unes des premières cultures du monde. Correspond à la Syrie et à l'Irak contemporains.

Métamorphose
Capacité de se transformer physiquement d'une forme en une autre.

Morts-vivants
Créatures qui sont théoriquement mortes, mais se comportent comme si elles étaient vivantes.

Mythe
Histoire traditionnelle, souvent liée au surnaturel.

Mythique
Qui n'existe que dans les mythes et les contes folkloriques.

Occulte
Qui concerne la magie et le paranormal.

Parlant
Films comportant une piste sonore synchronisée. Les premiers films étaient muets, la technologie n'existant pas encore pour permettre d'entendre ce que les acteurs disaient.

Peste noire
Épidémie de peste bubonique responsable de millions de morts dans le monde au milieu du 14e siècle. La peste bubonique est une maladie mortelle due à la bactérie *Yersinia Pestis*, qui provoque des gonflements noirs aux aisselles et à l'aine, et se transmet à l'homme par les puces des rats infectés.

Pieu
Pique de bois façonnée en pointe.

Prédateur
Créature qui chasse des proies pour s'en nourrir.

Principauté
État dirigé par un prince.

Proie
Personne ou animal chassé.

Régénérateur
Capable de se guérir soi-même et de remplacer des tissus perdus ou endommagés ; par exemple, de cicatriser ses plaies et faire repousser des membres ou des organes.

Résurrection
Retour à la vie, d'entre les morts.

Revenant
Personne revenue d'entre les morts, comprenant les fantômes, les zombies et les vampires. Terme particulièrement employé en Europe médiévale pour désigner les morts-vivants.

Royaume de Hongrie
État d'Europe centrale établi autour de l'an 1000, qui comprenait, outre la Hongrie, une partie de la Roumanie, de l'Ukraine et de la Croatie d'aujourd'hui.

Shiva
Dieu hindou de la destruction.

Sorcier
Pratiquant la magie.

Surnaturel
Ensemble de phénomènes qui surviennent ou existent en dehors de la raison scientifique.

Transylvanie
Province de la Roumanie contemporaine, où se trouvent les monts Carpates.

Tuberculose
Cette maladie infectieuse était très répandue et fréquemment mortelle. Elle attaque les poumons et ses symptômes incluent la fièvre, les suées nocturnes, les crachements de sang et la perte de poids. Souvent désignée par les initiales TB.

Valachie
Principauté au sud des monts Carpates, aujourd'hui partie de la Roumanie. Elle a existé du 14e au 19e siècle.

Vaudou
Religion pratiquée dans l'île de Haïti et au sud des États-Unis, combinant les croyances des peuples d'Afrique occidentale et le catholicisme romain.

Zombies
Morts ramenés à la vie qui, en tant que cadavres sans volonté, exécutent les volontés de sorciers vaudous, traditionnellement issus d'Afrique de l'Ouest ou de Haïti.

Index

Crédits

L'éditeur tient à remercier les personnes et organismes suivants pour avoir autorisé la reproduction des illustrations de cet ouvrage :

h = haut, b = bas, c = centre, g = gauche, d = droite

Pages : 5cb iStockphoto.com: Aleksandar Velasevic; 6bg Dreamstime.com: Devor; 7hg, bd Dreamstime.com: Devor / c Halilo; 8-9c iStockphoto.com: Nocturnus; 10-11c iStockphoto.com: mxtama; 12-13c iStockphoto.com: göktugg (éclaboussures) / c proxyminder (fumée); 18hg, bg, hd Corbis: Images.com; 19bg, bd, hg, hd Corbis: Images.com; 20-21c Corbis: Ron Nickel / Design Pics (femme montant dans le bus); 21bd Corbis: W. Perry Conway; 22hc Alamy Images: WoodyStock (chauve-souris)

/ c Getty Images: CGIBackgrounds.com; 26-27c iStockphoto.com: duncan1890 (arrière-plan) / c sbayram (eau); 30cg iStockphoto.com: red_frog; 30-31c iStockphoto.com: Phecs (arrière-plan); 32-33c iStockphoto.com: guysargent (mur de pierre); 34-35c Getty Images: Dorling Kindersley (écorce d'arbre); 38bg, bg Dreamstime.com: Kizkulesi; 38-39cg Alamy Images: Ian Dagnall; 39hd iStockphoto.com: jean; 40c Corbis: Phillipe Lissac; 42-43c Chris Hope: hopedraws.com; 46-47c Corbis: Barry Lewis (boule de feu) / cg iStockphoto.com: kjohansen (arrière-plan); 47hc iStockphoto.com: provrb7 (volets); 48-49hc Alamy Images: Images Etc Ltd (ciel); 50-51c iStockphoto.com: Angel_1978 (frise) / c bphillips (arrière-plan) / c Aleksandar Velasevic (ailes); 52-53c The Bridgeman Art Library: Maison de Victor Hugo, Paris, France / Lauros / Giraudon; 55hc Corbis: Benelux / zefa; 58-59 Corbis: Luke MacGregor; 60c Ronald Correia / bd Dreamstime.com: Alptraum (rose); 61cdb Ronald Correia; 62bg British Library

/ c Corbis: moodboard / bc TopFoto.co. uk: Fortean; 62-63c iStockphoto.com: bphillips (arrière-plan); 63chd Dreamstime. com : Elise1976 (dessin derrière la chauve-souris); 64 hg, hd Dreamstime.com: Angie68; 66-67c iStockphoto.com: benoitb (gouttes d'eau) / c Cloudniners (volutes); 68-69c Alamy Images: Chris Howes / Wild Places Photography (forêt); 69cbg Alamy Images: Melvyn Longhurst; 72-73c iStockphoto.com: wragg; 74c Getty Images: John Lund (chambre noire) / hd The Kobal Collection: Universal / bg Rex Features: Everett Collection; 74-75cd Dreamstime. com: Bogalo (pellicules); 75cb Alamy Images: Photos 12 / hg The Kobal Collection: Dreyer-Tobis-Klangfilm / hd, bg Universal / bd The Ronald Grant Archive: American Zoetrope / RGA / hc Universal Pictures; 76hc iStockphoto.com: Yuri_ Arcurs; 76-77c Alamy Images: les polders; 78-79c The Kobal Collection: Fido Film AB; 81c The Kobal Collection: 20th Century Fox TV / Richard Cartwright; 82bg iStockphoto. com: Cloudniners (volutes) / c The Kobal Collection: Maverick Films; 83c Getty

Images: Ryan McVay (arbres) / hd iStockphoto.com: Cloudniners (volutes); 84-85c iStockphoto.com: goktugg (éclaboussures) / proxyminder (fumée).

COUVERTURE PLAT 1 : photographie de Andy Crawfor / c iStockphoto.com: Aleksandar Velasevic (ailes).

PLAT 4 : c iStockphoto.com: Aleksandar Velasevic (arbres) / c NASA: (lune).

PAGE DE GARDE 1 : c iStockphoto.com: Natouche (roses) / c Snaprender (cercueils) / cbd Rex Features: Peter Brooker (cercueil ouvert).

PAGE DE GARDE 2 : c iStockphoto.com: Natouche (roses); c Snaprender (cercueils) / cbd Rex Features: Peter Brooker (cercueil ouvert).

TOUTES LES AUTRES IMAGES :
© Dorling Kindersley

POUR PLUS D'INFORMATIONS :
www.dkimages.com